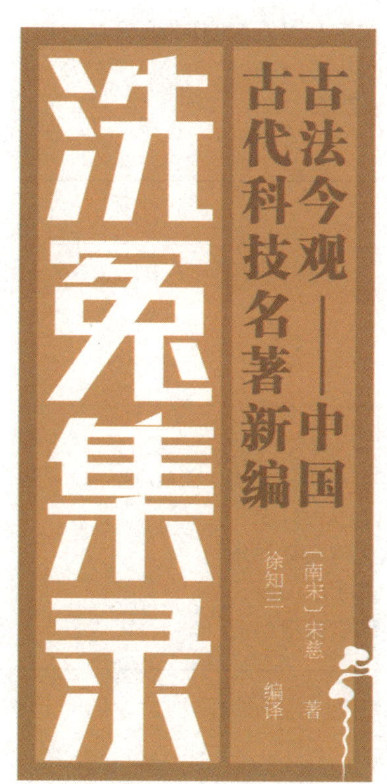

江苏凤凰科学技术出版社

图书在版编目（CIP）数据

洗冤集录 /（南宋）宋慈著 ；徐知三编译 . — 南京 ：江苏凤凰科学技术出版社，2017.2
（古法今观 / 魏文彪主编 . 中国古代科技名著新编）
ISBN 978-7-5537-7795-5

Ⅰ . ①洗… Ⅱ . ①宋… ②徐… Ⅲ . ①法医学鉴定－中国－南宋②《洗冤集录》－译文 Ⅳ . ① D919.4

中国版本图书馆 CIP 数据核字 (2017) 第 003889 号

古法今观——中国古代科技名著新编
洗冤集录

著　　者　〔南宋〕宋慈
编　　译　徐知三
项目策划　凤凰空间／翟永梅
责任编辑　刘屹立
特约编辑　蔡伟华

出版发行　江苏凤凰科学技术出版社
出版社地址　南京市湖南路 1 号 A 楼，邮编：210009
出版社网址　http://www.pspress.cn
总　经　销　天津凤凰空间文化传媒有限公司
总经销网址　http://www.ifengspace.cn
印　　刷　北京博海升彩色印刷有限公司

开　　本　710 mm×1 000 mm　1/16
印　　张　9.75
字　　数　190 000
版　　次　2017 年 2 月第 1 版
印　　次　2021 年 1 月第 2 次印刷

标准书号　ISBN 978-7-5537-7795-5
定　　价　37.00 元

前 言

宋慈，字惠父，是我国古代杰出的法医学家。建阳（今属福建）人，与理学大师朱熹同乡。生于南宋孝宗淳熙十三年（1186 年），卒于南宋理宗淳祐六年（1249 年），享年六十四岁。早岁习儒，入仕后经历十余任地方官，多负刑狱之责，终于广东经略安抚使。一生经办案件数不胜数。逝世前两年（1247 年）撰成并刊刻《洗冤集录》五卷。

《洗冤集录》（又称《洗冤录》），由宋朝法官宋慈所著，是世界上第一部系统的法医学著作，它比国外最早的由意大利人菲德里写的法医著作要早 350 多年。

《洗冤集录》共五卷五十三节，内容非常丰富，记述了人体解剖、检验尸体、勘察现场、鉴定死伤原因、自杀或谋杀的各种现象、各种毒物和急救、解毒方法等十分广泛的内容；它区别溺死、自缢与假自缢、自刑与杀伤、火死与假火死的方法，

宋慈像

至今还在应用；它记载的洗尸法、人工呼吸法、迎日隔伞验伤以及银针验毒、明矾蛋白解砒霜中毒等都很合乎科学道理。但是书中内容也有不足之处，需要读者阅读时自己掌握。

一部《洗冤集录》浓缩了中国古代尸检应遵守的条文、流程、具体操作、真假分辨等司法实践的几乎全部内容，总结了历代法医的宝贵经验，且在实践中行之有效。本书从 13 世纪到 19 世纪沿用了 600 多年，成为审判官们必读的法学经典著作。本书已译成多种文字，被公认为是世界法学界共同的精神财富。

编译者

2017 年 1 月

乾隆版《洗冤录》

目录

卷之五

序

洗冤集录

洗冤集录序

原典

狱事莫重于大辟，大辟莫重于初情，初情莫重于检验。盖死生出入之权舆，幽枉屈伸之机括，于是乎决。

法中所以通差令佐理掾者，谨之至也。年来州县悉以委之初官，付之右选。更历未深，骤然尝试，重以仵作[①]之欺伪，吏胥[②]之奸巧，虚幻变化，茫不可诘。

注释

①仵作：又称行人，指古代从事尸体处理、帮助殡葬的人。尸体检验，仵作常被官府雇用来操验尸体，在主持检验官员的指挥及监督下，细察尸体周身，并把检验情况大声喝报给检验官员，由验官分析判断。

②吏胥：官署中办理簿书案牍等事的一般官吏。

译文

狱讼案件中没有比判处死刑更严重的了，判处死刑最重要的是搞清案件的真情，搞清案件的真情没有比做好伤、病、尸体的检查验证更要紧的了。因为被告的生死存亡、出罪入罪的最初依据、蒙冤昭雪的关键，都由此而决定。

法律中对于传达法令、选拔司法官吏的规定，是十分谨慎的。近年来，许多州、县都把检验工作交给初入选的官员，托付给武职官吏。这些人资历不深，突然尝试，再遇上仵作的欺瞒作假、吏胥的使奸弄刁，使案情变得虚假惑乱、模糊不清，难以查究。

原典

纵有敏者，一心两目，亦无所用其智，而况遥望而弗亲，掩鼻而不屑者哉。慈四叨臬寄，他无寸长，独于狱案审之又审，不敢萌一毫慢易心。

若灼然知其为欺，则亟与驳下；或疑信未决，必反复深思，惟恐率然而行，死者虚被涝漉。

每念狱情之失，多起于发端之差，定验之误，皆原于历试之浅，遂博采近世所传诸书，自《内恕录》[①]以下凡数家，会而粹之，厘而正之，增以己见，总为一编，名曰《洗冤集录》。

注释

①《内恕录》：书名，似已佚失。

译文

纵使敏锐的人，仅靠两眼，也无法施展才智，更不必说那些在尸检现场只远远观望而不亲临察看、用手捂着鼻子而不重视检验工作的人了。我宋慈四次在外地任职掌管刑狱，其他方面一无所长，唯独对于狱案，一直详细周密而反复慎重地审核，从不敢萌生丝毫的怠忽轻率的念头。

如果明确地知道案情有虚假欺瞒，就立即发回，责成负责官吏重新调查；有时难以决定是信还是不信的案件，一定反复深思，唯恐轻率行事，使得死者不必要地被翻动检验。每当我想到狱情的失实，大多起始于开头调查的失误，检验判定的差错，根本原因都在于检验官员的经验不足，于是就广泛采集近世流传的各种有关检验的书籍，宋代盛行从《内恕录》以后，总共有好几家，汇合起来并加以精选，经过考证、整理订正，并加进自己的意见，归总成一书，名叫《洗冤集录》。

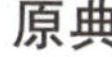

原典

刊于湖南宪治，示我同寅，使得参验互考，如医师讨论古法，脉络表里，先已洞澈，一旦按此以施针砭，发无不中，则其洗冤泽物，当与起死回生同一功用矣。

淳祐丁未嘉平节前[①]十日，朝散大夫新除直秘阁、湖南提刑、充大使行府参议官宋慈惠父序[②]。

贤士大夫或有得于见闻及亲所历涉出于此集之外者，切望片纸录赐，以广未备。慈拜禀。

注释

① 淳祐丁未嘉平节：淳祐，南宋理宗赵昀的年号（1241—1252年）。丁未，淳禧七年，即1247年。嘉平：腊月，阴历十二月。节前：除夕前。

② 朝散大夫新除直秘阁、湖南提刑、充大使行府参议官宋慈惠父序：朝散大夫，宋代文职散官名，即有官名而无固定职务的文官，官阶从五品下。直秘阁，官名，详见《宋史·职官志》。湖南提刑：湖南提点刑狱官的简称。提点刑狱，掌管司法的官员。大使行府参议官：大使衙署的参议官。当时任湖南安抚大使兼节制广西，宋慈为他的参议官。参议官，官名，属于幕僚类的官员。

译文

此书在湖南提点刑狱任所刊刻出版后，给我的同僚阅读，让大家参照验证，

就像医师讨论古代治疗方法，对人体内、外脉络穴位的分布，医师已了解透彻，而后一旦按照经络穴位来实施针刺治病，那就没有医不好病的。那么此书洗清冤案，有益于百姓，这与医师使病人起死回生，起到的功用是相同的了。

淳祐丁未嘉平节前十天，朝散大夫新任直秘阁、湖南提刑、大使行府参议官宋慈字惠父作此序。

贤士大夫读完此书，如有所见所闻及亲自所经历过而此书未采集的检验经验，恳切希望大家赐信给我，以使扩大《洗冤集录》所没有汇集的经验。慈拜禀。

命案检验是古尸检最重要的事情

宋慈在《洗冤集录序》中说：“狱讼案件中没有比判处死刑更严重的了，判处死刑最重要的是搞清案件的真情，搞清案件的真情没有比做好伤、病、尸体的检查验证更要紧的了。”此句话层层递进，意在阐述司法审判事务中最重要的是处理死刑案件，而死刑案件的处理中最重要的是搞清犯罪情节，搞清（死刑案件）犯罪情节最重要的就是检验尸体。他把命案检验定性为“生存死亡、是否犯罪的权衡，纠正冤枉、平反冤屈的关键”。现在我国公安机关把命案作为工作的首要任务，早在 2004 年公安部就提出“命案必破”的要求，同时结合“命案必破”的要求努力提高法医鉴定与刑侦手段。事实也证明，当代法医在破命案的过程中做了卓有成效的工作。

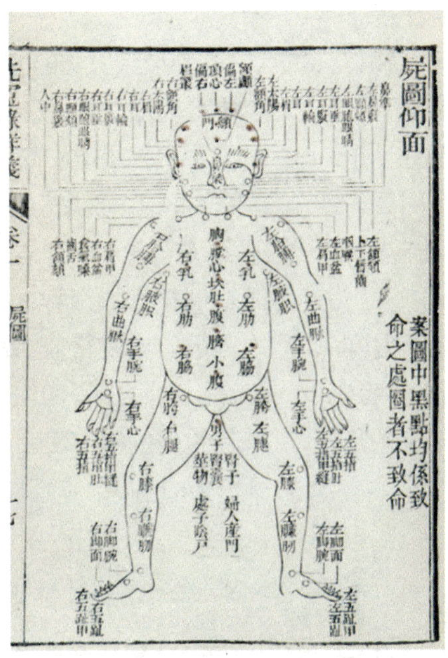

古版《洗冤集录》仰面尸图

卷之一

一 条令

原典

诸尸应验[①]而不验（初复同）；或受差过两时不发（遇夜不计，下条准此）；或不亲临视；或不定要害致死之因；或定而不当，（谓以非理死为病死，因头伤为胁伤之类）各以违制[②]论。即凭验状致罪已出入[③]者，不在自首觉举[④]之例。其事状难明，定而失当者，杖一百[⑤]。吏人、行人[⑥]一等科罪。

诸被差验复，非系经隔日久，而辄称尸坏不验者，坐以应验不验之罪（淳祐详定）。

诸验尸，报到过两时不请官[⑦]者；请官违法，或受请违法而不言；或牒至应受而不受；或初、复检官吏、行人相见及漏露所验事状者，各杖一百（若验讫，不当日内申所属者，准此）。

注释

① 诸尸应验：指对丧失生命的躯体做检查，是最常见、最重要的法医学检验。它以查明死因、判定死亡性质、判断死亡时间和死亡经过为主要目的，有时还要进行人身（身源、尸源）的认定，以及致伤工具的推断等。

② 违制：违反法律制度、命令、规定的罪名。古代，皇帝的制书、诏令具有至高无上的法律效力，违者即犯“违制罪”。

③ 出入：将有罪定无罪、重罪判轻罪为“出”；反之，为“入”。有意开脱、轻判，为“故出”；反之，为“故入”。无意而错判为“失出”“失入”。

④ 自首觉举：罪犯在罪行未被举发前就自己向官府坦白为自首；官吏在过失犯罪未被举发前就主动交代为觉举。自首觉举者可以从宽处理。

⑤ 杖一百：指受杖刑一百下。即用大竹板、大木棍打背部、臀部或腿部一百下。

⑥ 吏人、行人：官府中没有品级，专门处理杂务的人员叫吏人；行人，参见序注释。

⑦ 请官：宋代规定，人命案报案后，本县即应派官初验，如属他杀，还须请邻县派官复验。请邻县派官复验即为请官。

译文

对各种死因不明的尸体应该检验而不检验的、初验和复验相同的；有时接到检验任务超过两个时辰还不出发的，遇到夜间的不计算在内，以下各条都按此办理；或者不亲自到现场验看尸体的；或者没有验定出创伤要害致死原因的；或者验定的结论不准确的，指把非正常死亡定作病死，因头伤致死而定为肋伤致死等，都按“违制罪”论处。如根据验尸报告判罪已造成“出入”的，不包括在“自首觉举”的范围之内。因情况复杂难以验明，做出鉴定而不妥当的，处杖刑一百。吏人、行人同样论罪。

各被派担任初验、复验的官员，如不属于死者死亡时间相隔太久（尸体高度腐烂），而随便推说尸体已腐烂而不检验的，按应该检验而不检验的罪行论处，淳祐年间审定。

凡验尸，报案后超过两个时辰还不去请官的；请官一方违法，或者受请一方违法而不揭发的；或者请官验尸的公文送到应该接受而不接受的；或者担任初验任务的官吏、检验人员与担任复验任务的官吏、检验人员私下相见以及泄露所检验事由情况的，皆处以杖刑一百。如果检验完毕，不在当天内向所属上级申报的，也按此惩处。

原典

诸县承他处官司请官验尸，有官可那而称阙，若阙官而不具事因申牒，或探伺牒，至而托故在假避免者，各以违制论。

诸行人因验尸受财，依公人法①。

诸检复之类应差官者，差无亲嫌干碍之人。

诸命官②所任处，有任满赏者，不得差出，应副检验尸者听差。

诸验尸，州差司理参军（本院囚别差官，或止有司理一院，准此），县差尉。县尉阙，即以次差簿、丞、（县丞不得出本县界）监当官皆缺者，县令前去。若过十里，或验本县囚，牒最近县。其郭下县皆申州。应复验者，并于差初验日，先次申牒差官。应牒最近县，而百里内无县者，听就近牒巡检或都巡检（内覆检应止牒本县官，而独员者准此，并谓非见出巡捕者）。

注释

① 公人法：关于公人的法律规定。官府中担任公务的各种人员称公人。

② 命官：由朝廷按官品令授予品级和职务的官员。

译文

各县凡受邀到其他地方官府请官验尸，有官员可以派出而推说无官员可以派出的；确实无官员可以派出而不及时发公文说明缘由的；或者探知有请官公文送到，却以正在休假为借口而被免于担任检验任务的，都按“违制罪”论处。

各检验人员凡是凭借验尸而接受财物的，依照“公人法”

处理。

凡是初验、复验等事应该委派官员的，应该委派与本案当事人没有亲故嫌怨关系并且不会妨碍案件正确处理的人。

各个命官在其任职的地方，任期已到而等候升赏的，不得被派去验尸，应由协理检验尸体的官员听从差派。

凡是验尸，州里应派司理参军去执行。司理院的囚犯死亡，则另委派别的官员验尸，如果州里只有司理院一院，也照此办理。县里应派县尉去执行。县尉缺员，就依次派主簿、县丞。县丞不得派出本县界外。监、当官都缺员的，县令应亲自前去验尸。若尸体现场超出县界十里，或者检验本县囚犯的尸体，应发公文给离现场最近的县请官。州府所在县应该都申报州府。应当复验的，都应在派出初检官的当天，按先后等次发文给有关单位请官复验。首先，应发文给最邻近的县请官，如在百里之内没有县城的，发文请就近的巡检或都巡检。其中复验应该只派本县官员，而本县官员只有一人的，可照此办理，但指的不是当时正在外出执行巡捕公务的官员。

原典

诸监、当官出城验尸者，县差手力五人①当直。

诸死人未死前，无缌麻②以上亲在死所（若禁囚责出十日内及部送者同），并差官验尸（人力、女使经取口词者，差公人）。囚及非理致死者，仍复验。验复讫，即为收瘗（仍差人监视，亲戚收瘗者付之）。若知有亲戚在他所者，仍报知。

诸尸应复验者，在州申州，在县，于受牒时牒尸所最近县（状牒内，各不得具致死之因）。相去百里以上而远于本县者，止牒本县官（独员③即牒他县）。

诸请官验尸者，不得越（黄）河、江、湖④（江、河谓无桥梁，湖谓水涨不可渡者）及牒独员县（郭下县听牒，牒至即申州，差官前去）。

诸验尸，应牒近县而牒远县者，牒至亦受，验毕申所属。

注释

①手力五人：供官府驱使奔走的杂役工，由百姓在编伍户中轮流值差。

②缌麻：旧时丧服名。丧服按亲属关系的亲疏分为：斩丧、齐丧、大功、小功、缌麻五等，叫五服。缌麻用细麻布制成，服丧期三个月，为五服中最轻的，用于曾祖父母、外祖父母、岳父母及表兄弟、外孙等丧。缌麻以上亲，即指五服之内的亲属。

③独员：县衙里仅剩一名官员视事的，称独员县。

④（黄）河、江、湖：依下文小字注“江河谓无桥梁”，

诸尸应牒邻近县验复，而合请官在别县，若百里外，或在病假（不妨本职非），无官可那者，受牒县当日具事因（在假者，具日时），保明申本州及提点刑狱司⑤，并报元牒官司，仍牒以次县。

“黄”字疑是衍文，应删。

⑤提点刑狱司：官署名。宋代分全国为十五路，后增至二十六路，于各路设提点刑狱司，掌管各路的司法、刑狱和监察。其长官为提点刑狱公事。

译文

各位监官、当官出城验尸的，县里要派手力五人跟随当差值班。

凡是死者在将死还没死的时候，没有缌麻服以内的亲属在死亡现场的，如果是监禁的囚犯双杖刑替代徒刑被责打后十天之内及未判决而正在押送中死亡的，与此相同，都要派官员验尸。男仆女佣（死亡的），如已录取生前的口头陈述，只委派公人验看就可以。囚犯死亡以及非正常死亡的，还要复验。复验完毕，就代为收埋。仍然要派人监视。死者亲戚要求收埋的，可以将死者尸体交给他们处置。如果知道死者有亲戚在其他地方的，应该通知他们。

凡是应复验的尸体，属州府管的应申报州府，属县管的，在接到验尸公文时，发文给离尸体现场最近的邻县请官。公文中都不允许写出致死的原因。如果最近的邻县也相距百里以外而比本县到尸体现场还远的，只派本县官员复验。独员县则发文他县请官。

凡是请官验尸的，不得到隔着江、河、湖泊的他县请官，江、河指无桥梁可通的，湖泊是指水面阔而无法渡过的。也不能发文到独员县请官。州治所在的县，听凭发文请官，请官公文到达后即申报州府派官员前去。

凡是验尸，本应当发文到邻近县请官，却发文到了远县请官的，收到公文的县也应该接受办理，派官员去检验，事毕，申报该县所属的官署。

凡是遇到有尸体而应发文到邻近县请官检验或复验，而该县所应委派的官员却在别县，或远在百里之外，或正在病假之中，不妨碍执行所任职责的不算，又没有其他官员挪派的，接到请官公文后，应该在当天写明理由，在假期中的，要写明假期的起止日期，负责报告本州和提点刑狱司，并回复原发文单位，仍可再发文到按次序请官的别的县去。

原典

诸初、复检尸格目①，提点刑狱司依式印造，每副初、复各三纸，以《千

字文》[②]为号凿定，给下州县。遇检验，即以三纸先从州县填讫，付被差官。候检验讫，从实填写。一申州县；一付被害之家（无即缴回本司）；一具日时字号入急递，径申本司点检（遇有第三次后检验，准此）。

诸因病死（谓非在囚禁及部送者）应验尸，而同居缌麻以上亲，或异居大功[③]以上亲，至死所而愿免者，听。若僧道有法眷，童行有本师，未死前在死所，而寺观主首保明各无他故者，亦免。其僧道虽无法眷，但有主首或徒众保明者，准此。

诸命官因病亡（谓非在禁及部送者），若经责口词，或因卒病，而所居处有寺观主首，或店户及邻居，并地分合干人保明无他故者，官司审察，听免检验。

诸县令、丞、簿虽应差出，须（常）当留一员在县（非时俱阙，州郡差官权）。

诸称"违制"论者，不以失论（《刑统·制》[④]曰：谓奉制有所施行而违者，徒二年。若非故违而失错旨意者，杖一百）。

诸监临主司受财枉法[⑤]二十匹，无禄者二十五匹，绞。若罪至流[⑥]，及不枉法，赃五十匹，配本城。

注释

①尸格目：宋代验尸文件，提刑郑兴裔所创，颁发于南宋孝宗淳熙元年（1174年），分"初验尸格目""复验尸格目"两种。

②《千字文》：梁代周兴嗣撰，旧时私塾启蒙读本之一，全书共一千字，故曰《千字文》。

③大功：五服之一，用于堂兄弟、未嫁的堂姐妹、已嫁的姑、姐妹等受礼。

④《刑统·制》：即《刑统》卷九《职制律》篇。《宋刑统》是宋太祖建隆三年（962年）颁行的宋代法典，由窦仪奉命据唐朝《大中刑法统类》修订而成，共三十卷。

⑤受财枉法：接受贿赂而枉曲用法的罪名。

⑥流：刑罚名。发配远地充军或服苦役。

译文

凡是初验、复验的验尸格目，由提点刑狱司按规定格式印制，每套初验、复验的验尸表格各一式三份，按《千字文》"天地玄黄宇宙洪荒……"顺序编号排列，盖印后下发各州、县。遇到检验，就用三份表格，先在州、县填写好有关栏目，交付给被派验尸的官员。等到检验结束，由检验官员按验尸结果如

实填写，一份呈报州县，一份给被害人家属，无家属的即缴回提点刑狱司。一份写明日期时间字号，用急件快递，径直报送提点刑狱司审查。遇有第三次复验，也按此办理。

凡是因病死亡、不是在囚禁和押送途中死亡的，应当验尸，但是如有和死者同居又是缌麻服以上的亲属，或者与死者分居，属于大功服以上的亲属来到死者死亡的处所，请求免予验尸的，听从免验。如果是和尚、道士，死前有家属在身边，小和尚、小道士，死前有师父在身边，而寺观的主持又担保证明没有其他不正常事故的，也可免予检验。有的和尚、道士死前虽然没有家属在身边，但有寺观的主持或徒众担保证明的，也可按此办理免验。

凡是朝廷任命的官员因病死亡，指不是在囚禁和押送途中死亡的，如果已经取得本人死前的口述笔录，或者本人因暴病突然死亡，而他所居住的地方有寺观主持或店户、邻居及当地有关人员担保证明没有其他不正常情况的，经主管官府审查批准，可以听从免予检验。

各县的县令、县丞、主簿虽然都应派出验尸，但必须（通常）留下一人在县府值班。特别情况下全部缺员的，由州郡派官暂时代理。

凡是按照“违制罪”论处的，不得按过失论处。《刑统·职制律》里说：“违制罪”指奉照皇上的命令执行公务而违背旨意的，处徒刑两年；如果不是故意违旨而是因错误理解旨意以致违背的，处杖刑一百下。

凡是居于监督和主管位置的官员受财枉法，非法所得价值达二十匹绢的，以及没有官禄的人员受财枉法，非法所得价值达二十五匹绢的，处以绞刑。如果所犯之罪只够流罪以及虽受贿未枉法但赃物价值在五十匹绢以下的，发配本城服苦役。

原典

诸以毒物自服，或与人服，而诬告人，罪不至死者，配千里。若服毒人已死，而知情诬告人者，并许人捕捉，赏钱五十贯①。

诸缌麻以上亲因病死，辄以他故诬人者，根据诬告法（谓言殴死之类，致官司信凭以经检验者），不以荫论②，仍不在引虚减等③之例。即缌麻以上亲自相诬告，及人

注释

①贯：古时以绳索穿钱，一千文为一贯。

②不以荫论：封建社会贵族、高官享有某种特权，他们的亲属可得到庇荫(一种豁免权)，不仅可荫袭官爵、免除课役，犯了罪还可荫赎减等。本条词义即不适用于荫赎减等的规定。

③引虚减等：诬告他人者自行

力、女使病死，其亲辄以他故诬告主家者，准此（尊长诬告卑幼，荫赎减等，自依本法）。

诸有诈病及死、伤受使检验不实者，各依所欺减一等。若实病、死及伤，不以实验者，以故入人罪[④]论（《刑统·议》曰：上条诈疾病者，杖一百。检验不实同诈妄，减一等，杖九十）。

诸尸虽经验，而系妄指他尸告论，致官司信凭推鞠，依诬告法。即亲属至死所妄认者，杖八十。被诬人在禁致死者，加三等。若官司妄勘者，依入人罪[⑤]法。

《刑统》疏：以他物[⑥]殴人者，杖六十（见血为伤，非手足者，其余皆为他物，即兵不用刃亦是）。

《申明刑统》[⑦]：以靴鞋踢人伤，从官司验定。坚硬即从他物；若不坚硬，即难作他物例。

投官撤回诬告，可得到从轻减罪一等的处罚，称为“引虚减等”。

④ 故入人罪：是指司法官员故意将无罪判为有罪、轻罪重判的一种罪行。

⑤ 入人罪：是指司法官员无意中陷人于罪，或轻罪重判的一种罪行。

⑥ 他物：指一切钝器。他物伤，即钝器伤。古代除拳脚伤、锐器伤外，统称为他物伤（钝器伤）。

⑦《申明刑统》：宋代关于阐明、订正《刑统》的敕令汇编，为宋高宗时重修的《绍兴敕令格式》一书中的一个组成部分。

译文

凡是自己服食毒药，或给别人服食，却诬告他人下毒，犯诬陷罪而够不上判死刑的，发配到一千里外的地方服苦役。如果服毒人已经死亡，明知内情却诬告他人的，准许他人将他捕捉扭送到官府，并给赏钱五十贯。

凡是缌麻以上的亲属因病死亡，死者亲属却以其他缘故诬告他人的，按诬告法论罪（指声称被殴打死亡等，以致官府准状，对尸体进行检验的情况）。不适用荫赎减等的规定的，也不在引虚减等的范围之内。如果缌麻以上的亲属自己相互诬告，以及男仆、女佣病死，其亲属却以其他缘故诬告东家的，也按此处理。尊长者诬告卑幼者，有关荫赎减等的适用，自应依照原规定处理。

凡是有伪装疾病、死和创伤等情节，而验官受人指使，因此检验不确实的，各自按所指欺诈罪减轻一等论处；如果实属生病、死亡和受伤而不如实验报的，按“故入人罪”论处。《刑统》规定：上述条款所说伪装疾病的，判处杖刑一百。检验不实的，与诈妄罪同，但可减轻一等，判处杖刑九十。

凡是尸体虽已经过检验，但实际上却是胡乱指认为他人的尸体实行控告，致使官府信以为真，立案侦查审讯的，应按诬告法论罪。如果是亲属到死者现

场故意乱认尸体的，判处杖刑八十。被诬告的人在监禁中死亡的，对诬告者应按诬告罪加三等论处。如果是官员妄自立案审讯的，按“入人罪”（陷人于罪）论处。

《刑统》上规定：用他物打伤人的，处杖刑六十。见血就算伤，除了用手脚，使用其余的物体都算作使用他物，即使使用了兵器如果不是用的锋刃的一面，也是称使用他物。

《申明刑统》中说：用靴、鞋踢人致伤的，按照官府的检验认定。如果是坚硬的靴、鞋，就按他物伤论处；如果不是坚硬的靴、鞋，就难以作他物伤来论处。

原典

诸保辜[①]者，手足殴伤人限十日；以他物殴伤人者二十日；以刃及汤火伤人者三十日。折目折跌肢体及破骨者五十日，限内死者各依杀人论（诸啮人者依他物法。辜内堕胎者，堕后别保三十日，仍通本殴伤限，不得过五十日）。其在限外，及虽在限内以他故死者，各依本殴伤法。（他故谓别增余患而死。假殴人头伤，风[②]从头疮而入，因风致死之类，仍依杀人论。若不因头疮得风而死，是为他故，各依本殴伤法）

乾道六年[③]，尚书省[④]（批）状：“州县检验之官，并差文官，如有阙官去处，复检官方差右选。”本所看详：“检验之官自合依法差文臣。如边远小县，委的阙文臣处，复检官权差识字武臣。今声说照用。”

嘉定十六年[⑤]二月十八日敕：“臣僚奏：‘检验不定要害致命之因，法至严矣。而检覆失实，则为觉举，遂以苟免。欲望睿旨下刑部看详，颁示遵用。’刑寺[⑥]长贰详议：‘检验不当，觉举自有见行条法[⑦]。今检验不实，则乃为觉举，遂以苟免。今看详命官检验不实或失当，不许用觉举原免。’馀并依旧法施行。奉圣旨依。”

注释

① 保辜：宋时法律规定，凡殴伤人的，官府给伤人者一定的时间去救治受伤者，如受伤者在规定时间内死亡，则伤人者按伤人致死论处；如受伤者在规定时间内未死，伤人者仅负伤人之责，可以从轻判罪。这就叫保辜。其所规定时间，叫保辜期；当时对各种损伤可发生延缓性死亡已有认识。

② 风：指破伤风，即因伤而感染到破伤风杆菌发病致死。属因伤并发症

而死。破伤风杆菌是厌氧菌，伤口未及时彻底清创，有可能感染。现在有破伤风抗毒血清（TAT），伤后及时注射，一般都可防止破伤风病。

③乾道六年：1170 年，乾道（1165—1173 年）是南宋孝宗的年号。

④尚书省：官署名。中央掌管政务的总机构，下统六部（吏、户、礼、兵、刑、工等部），其长官为尚书令。

⑤ 嘉定十六年：1223 年，嘉定（1208—1224 年）是南宋宁宗的年号。

⑥刑寺：即刑部、大理寺，官署名。刑部，宋代掌管国家的法律、刑狱事务的机构，长官为刑部尚书。大理寺，宋代的中央审判机关，负责审核全国各地的奏劾和疑狱大罪，以及审理京师百官的刑狱，长官为大理寺卿。

⑦条法：古代法典的一种形式，是有关法令与案例的汇编。

译文

凡是殴伤他人但未死亡需要保辜的案情，如果是用手脚打伤人的限期为十天，用他物打伤人的限期为二十天，如果用刀刃及汤火伤人的限期为三十天，打瞎眼睛、打断肢体及伤损骨头的限期为五十天。在保辜期限内伤者死亡的，打伤人的人都要按杀人罪论处。凡是咬伤人的，按他物伤人罪论处。孕妇在保辜限期内流产的，流产后另加保限期三十天，但连同原殴伤的限期合计不得超过五十天。凡是在保辜期限外死亡，以及虽在限期内却是因其他原因死亡的，各按原殴伤罪的规定论处（其他原因是指另外增加其他疾病而死，例如打伤别人的头，破伤风从头部伤口侵入，因破伤风而造成死亡，仍然按杀人罪论处。如果不是因头伤患破伤风而死亡，就是属于因其他原因死亡，各自按原殴伤罪论处）。

乾道六年，尚书省批复文书说：“各州县的检验官员，都派文官充任，如果有缺官的地方，只有复检官才可派武官担任。”敕令所审定文书说：“检验的官员自然应该依法委派文官。如果是边远小县，确实缺少文官的地方，复检官可暂时变通委派识字的武官充任。特此通知，望遵照执行。”

嘉定十六年二月十八日敕令说：“大臣们奏议：‘对于检验者没能鉴定出要害致命原因的，处罚是非常的严厉；而对检验不符事实的，却用觉举的规定，就随便得到宽免。希望圣旨下达刑部研究审核，颁发规定遵照执行。’经刑部、大理寺正副长官审议：‘检验不当的，按觉举规定宽免自有现行条法规定；现在检验不符事实的，却也套用觉举的规定，随便地得到宽免。现审议决定，凡是朝廷命官检验不符事实或有失恰当的，一律不允许引用觉举的规定予以宽免。’其余情节仍然都按照原规定执行。接到圣旨即遵照执行。”

尸检的法律条令

古代尸检主要内容有：接报时间、承办人吏何时请检验官、到现场时间、住宿处距现场路程、参加验尸的仵作及其他人员的姓名、保证做到事项（如保证已验定要害致死原因、保证无检验不实、保证仵作人吏无作弊与敲诈勒索等违法行为，如有，准予告发，属实者给奖。保证已将检验结果亲自签署并即上报等，最后是仵作、人吏、检验官姓名职位、在场人员的签押）。验尸格目、验状与检验正背人形图，为宋代尸体检验的三个主要文件。它使检验规范化，统一了格式和要求，对提高检验质量有积极作用。本书所讲的验尸，基本都是尸表检验，操验者仵作以及其他检尸人员根据外观喝报，主检官员以此做出判断。古代尸检的法律在这些方面做了规定。

现代法医尸检的内容包括尸表及解剖检验，解剖检验是古代所没有的。解剖检验有局部解剖（只剖视某一部位）及全面解剖（主要剖视颅腔、胸腔、腹腔各器官以及组织病理学检验）。按其性质分普通解剖（以学习为目的）、病理解剖（以提高医学水平为目的）、法医解剖（以办案为目的）。现在的法医条文涉及的面更广，规定得更细致。仅就保释一项的古今对比就可看出今天的法律进步。

古人称保释为保辜，规定保释时间：手脚打人的限 10 日，用他物殴伤人者 20 日，以刃及汤火伤人者 30 日，伤害严重的限期 35 日。各种不同种类的致伤物形成不同部位的损伤，规定不同的保辜期限，这在当时医学理论（特别是病理学理论）水平还较低、对损伤致死的机制认识还较粗浅的情况下，是十分可贵的。但是，以现代医学、法医学观点看，规定的期限是不可取的。因为伤后延缓性死亡的原因很复杂，时间长短并无一定。损伤致生命重要器官（如脑、心、肺、肝、肾）功能受害，因而死亡，伤与死是直接因果关系，但因有的损伤对机体生命功能影响的演变很复杂，因此其延缓时间长短不一，有的数天，有的可达几十天甚至更长。如有的心脏被刺破，未经手术，活了 63 天才死亡，解剖证实，心室被刺破 3 厘米，后被血块堵住，因而本是立即死亡的致命伤，却延长生命两个多月后，血块突然脱落，再次大出血而死。也有因伤而病，因病而死，伤与死是间接因果关系。例如，一种病在当时的医学水平下尚难诊断，结果以因伤而死，给伤人者以杀人罪论处；或许有的纯属病死，伤与死没有关系，由于未诊断出这种疾病，结果以伤致死论处。这些都是不科学的。保释期内死亡，不一定就是因伤而死；保释期到后死亡，也不一定非伤而死，所以规定保释期限的做法不可取。

二　检复总说上

原典

凡验官多是差厅子、虞候①，或以亲随作公人、家人各自前去，追集邻人、保伍，呼为先牌，打路排保，打草踏路②，先驰看尸之类，皆是骚扰乡众，此害最深，切须戒忌。

凡检验承牒之后，不可接见在近官员、秀才、术人③、僧道，以防奸欺及招词诉。仍未得凿定日时于牒，前到地头，约度程限，方可书凿，庶免稽迟。仍约束行吏等人，不得少离官员，恐有乞觅。遇夜行吏须要勒令供状，方可止宿。

凡承牒检验，须要行凶人随行，差土著有家累田产、无过犯节级、教头④，部押公人看管。如到地头，勒令行凶人当面，对尸仔细检喝，勒行人、公吏对众邻保当面供状。不可下司，恐有过度走弄之弊。如未获行凶人，以邻保为众证。所有尸帐，初、覆官不可漏露。仍须是躬亲诣尸首地头，监行人检喝，免致出脱重伤处。

注释

①厅子、虞候：官府中的差役、军校。

②打路排保，打草踏路：宋代验尸时，由案发地的基层组织（保甲）负责人保长负责摊派各户出钱、出草料，并派人当差给去尸场的道路铺草填路。

③术人：以炼丹、降妖、算命、相面等为职业的人。

④节级、教头：宋代的军校小头目，低级武官。

译文

大凡检验官员遇有检验任务时，大都是派些厅子、虞候，或让亲信跟班督领差役、家丁等人前去，追寻召集邻人、保甲长，叫他们做前导，为检验官员打路排保、打草踏路，先到现场查看尸体等，这些都是骚扰乡民的行为。这样做的危害最大，一定要严加训诫禁止。

检验官员接到验尸公文之后，不可以再接见案发地附近的官员、秀才、术人、和尚、道士，以防被他们的奸谋所欺骗，以及招致当事人上诉指控。如请求验尸的公文上没有确定去检验的时间，则应根据到达尸体现场的实际路程估计所需要的时间，才可写明验尸时间，以防拖拉耽搁。并且要约束行人吏役等人员，不允许有一刻时间擅自离开检验官的身边，防止有索贿舞弊等行为发生。遇到夜间，行人吏役必须以书面做出保证，才可在外住宿。

凡是接到验尸公文去执行检验任务，而又必须带着凶手跟随去的，要差派

在当地有家属、田产、无过错的节级、教头，率领公差看押凶手。到了尸体现场，要命令检验人员当着凶犯的面，对尸体仔细检验唱报，验毕，要命令行人、公吏对众邻人、保甲长当面做出负责的保证，不能把凶犯关押在县监狱中，以防发生串通做手脚的弊端。如没有捕获凶犯，就以邻人、保甲长作为公众见证人。所有验尸文件上填写的情况，不论是初检官还是复检官，都不得泄露。检验官员还必须亲自走到尸体跟前，监督检验人员检验唱报，以防止漏掉或隐瞒重要损伤处。

原典

凡检官遇夜宿处，须问其家是与不是凶身血属亲戚，方可安歇，以别嫌疑。

凡血属入状乞免检，多是暗受凶身买和，套合公吏入状。检官切不可信凭①，便与备申，或与缴回格目。虽得州县判下，明有公文照应，犹须审处。恐异时亲属争钱不平，必致生词，或致发觉，自亦例被，污秽难明。

凡行凶器杖②，索之少缓，则奸囚之家藏匿移易，妆成疑狱，可以免死，干系甚重。初受差委，先当急急收索；若早出官，又可参照痕伤大小、阔狭，定验无差。

注释

①这里指非正常死亡，即暴力死亡，应该检验，若免验，要由官方决定。

②行凶器杖：被用于谋杀的致伤物体，一般称致伤物。

译文

凡是检验官员遇到夜晚需找住宿的地方，必须问清楚所要住宿的人家是不是凶犯的亲戚，如果不是凶犯的亲戚，才可以住宿，以避嫌疑。

凡是死者的家属呈状请求免于检验的，大多是暗中被凶手买通私了，串同公差吏役呈递状子，检验官员千万不能听信，便替他备文申报免检，或让他缴回空白验尸表格。即使州、县批准了，并且已下达公文，仍然要慎重处理。不然以后死者的亲属为分钱而引起争执，必然导致诉讼，或者问题暴露了，检官自然要受牵累，污秽一身，难以洗清。

凡是行凶器物，如搜缴稍不及时，那些奸刁的凶犯家属就会藏匿、转移、调换，伪装成疑案，从而逃脱死罪，这关系非常重大。检验官员一接到差遣委派，首先就应当紧急搜索凶器。如能及早地把凶器搜出交官，又可参照伤痕的大小、宽窄，确定检验结果，免出差错。

原典

凡到检所，未要自向前，且于上风处坐定。略唤死人骨属，或地主（湖南有地主，他处无），竞主，审问事因了，点数干系人及邻保，应是合于检状着字人齐足。先令札下硬四至①，始同人吏向前看验。若是自缢，切要看吊处及项上痕；更看系处尘土，曾与不曾移动，及系吊处高下，原踏甚处，是甚物上得去系处，更看垂下长短，项下绳带大小，对痕宽狭，细看是活套头、死套头，有单挂十字系②，有缠绕系，各要看详。若是临高扑死，要看失脚处土痕踪迹高下。若是落水淹死，亦要看失脚处土痕高下，及量水浅深。

其馀杀伤、病患、诸般非理死人，札四至了，但令扛舁明净处，且未用汤水酒醋，先干检一遍。仔细看脑后、顶心、头发内，恐有火烧钉子钉入骨内（其血不出，亦不见痕损③）。更切点检眼睛、口、齿、舌、鼻、大小便二处，防有他物④。然后用温水洗了，先使酒醋蘸纸，搭头面上⑤、胸胁、两乳、脐腹、两肋间，更用衣被盖罨了，浇上酒醋，用荐席罨一时久，方检。不得信令行人只将酒醋泼过，痕损不出也。

译文

到了尸体现场检验时，检官自己不要马上径直上前看验，要观察一下风向，问询一下相关人员后，于上风处坐定。审问事情的原因后，清点与本案有关系的人及邻人、保甲等人数，以及应该在验尸表上签字的人都齐全，先让差役丈量记录下尸体距四周有明显不可移动物体的距离的“硬四至”，然后再同公差吏役等一起上前看验。如果死者是自己上吊死的，一定要验明上吊的现场和死者颈上的吊痕，接着要验明拴绳处的灰尘，吊绳是不是移动过，以及拴吊绳处与地面的距离，死者生前上吊时踏在什么地方、踏在什么物体上才能够着去拴挂吊绳；更

注释

①硬四至：尸体卧处至四周固定标志物交界处的距离为四至，陆地上为硬四至，水面上为软四至。

②十字系：即绳索打单扣。

③铁钉钉入组织时，钉尖挤开组织楔入，钉体跟进，对周围组织有明显挤压作用，血管被压缩，出血不明显，如烧热的钉子钉入时，周围组织发生热凝固，血管收缩，管内血液热凝成血栓，伤口出血更不明显，本书指出这点，可见作者检案经验十分丰富。

④他物：指异物。

⑤古代验伤方法。用酒、醋烧热或不烧热湿纸敷贴皮肤，经一定时间，较淡的或较深处的皮下出血痕迹，就可显现出来。

要看绳子垂下有多少长短，套在颈上的绳带粗细对照脖颈上的吊痕宽窄是否相符；还要仔细查看绳套是活套头还是死套头，绳套有单打十字扣的、有缠绕扣的，都要看验仔细。如果是从高处扑下跌死的，要看失脚地方的泥土痕迹与脚印踪迹的高低。如果是落水淹死的，也要看失脚地方的泥土痕迹的高低，以及测量水的深浅。

其他的杀死伤亡、病患等各种非正常死亡的人，记录好尸场四面交界位置后，就让人把尸体抬到明亮干净的地方，并且暂时不要用热水、酒、醋擦洗尸体，先要对尸体干检一遍。要仔细检看后脑、头顶心、头发根，（这些地方）恐怕有经火烧过的钉子钉进头骨内。这类死伤，血不流出，也看不到伤痕。更一定要记住检验眼睛、口腔、牙齿、头、鼻孔以及肛门、阴部两处，以防留有其他物体。（以上程序之后）先用温水洗净尸体，然后用纸蘸酒与醋敷贴在尸体的头面部、胸胁、两乳、脐腹、两肋等部位，用衣服、被子把尸体盖好，浇上酒和醋，再用草席紧盖一个时辰之后，再打开检验。不可听凭检验人员草草用酒醋浇泼尸体完事，那样草率从事，伤痕是显现不出来的。

验尸方法的继承与发展

古人验尸中提出自缢的方法检验，对缢颈及悬挂情况的现场检验要求，以及对高处坠落、淹死的勘查要注意的事项，都抓住了关键，有很大的实用价值。在检查异物时，特别强调要注意肛门、阴部（道）两部位。古代的尸体检验能做到视线能及的部位，也不放过任何可疑异常，这是难能可贵的。古人在尸检中注重醋与酒精的使用，醋、酒加热后能增加浸润能力及化学反应速度。现代法医学工作者检查皮下出血，还常用酒精擦拭，以增加其清晰度。为防止漏检更是规定细致。尸检更重视凶器的收缴。

现代法医理论对古人的检验方法有继承，更有发展。在钉颅案例指出若未伤及生命中枢及较粗血管等要害部位，一般不会致死。为防止漏检，现在有“对于死因不明的尸体，公安机关有权决定解剖，并通知死者家属到场”的法律规定。对于器物伤人从受到力的大小、力点、作用角度与方向、组织的特性及表面弧度等方面进行验证，纠正了古人片面性的论述。今天，随着社会的进步，虽然作案工具呈现多样化，对凶器的鉴定难度加大，但现代先进的科技手段能对任何作案工具进行刑侦检测，为确定被害人的死伤原因以及确定犯罪嫌疑人的基本情况和犯罪事实提供有力的依据。

三　检复总说下

原典

凡检验，不可信凭行人，须令将酒醋洗净，仔细查看。如烧死，口内有灰[1]。溺死，腹胀，内有水[2]。以衣物或湿纸搭口鼻上死，即腹干胀[3]。若被人勒死，项下绳索交过[4]，手指甲或抓损。若自缢，即脑后分八字[5]，索子不交。绳在喉下，舌出[6]；喉上，舌不出，切在详细。自余伤损致命，即无可疑。如有疑虑，即且捉贼。捉贼不获，犹是公过。若被人打死，却作病死，后如获贼，不免深谴。

凡检验文本，不得作“皮破血出”。大凡皮破即血出，当云“皮微损有血出[7]”。

凡定致命痕[8]，虽小当微广其分寸。定致命痕，内骨折，即声说；骨不折，不须言“骨不折”，却重害也（或行凶器杖未到，不可分毫增减，恐他日索到异同）。凡伤处多，只指定一痕系要害致命。

注释

① 火场烟灰（雾状固体微粒）翻滚，人在其中呼吸，口鼻腔、咽喉气管、支气管就会有烟灰。这是被烧死者的重要征象。

② 淹死（溺死）与腹胀并非必然同时发生。人在被淹过程中呛水，有可能吞咽大量水（溺液），致胃饱腹胀，但并非所有溺水者都有这征象。

③ 腹干胀：胃肠鼓气所致的腹部膨胀。本书认为捂闷口鼻致死，腹即干胀。

④ 绳印指带状物压痕。被勒死者的颈部带状物压痕叫勒痕。

⑤ 指在颈部套带状物由于身体下坠而拉紧压迫颈部，因而致命。套在颈部的带状物有的两端斜行不接合，上升到悬挂点，所成压痕呈八字形，称八字不交缢痕。

⑥ 舌出：指舌尖挺出齿弓甚至口唇外。

⑦ 皮微损有血出：说法似有误。《平冤录》改成：“皮微损，血不出。”

⑧ 致命痕：直接或间接致死的损伤。

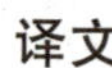

译文

凡是检验尸身，不可简单地听信和任凭检验人员行事，必须让他们用酒、醋把尸体洗干净，仔细验看。如果是烧死的，尸体口腔内有烟灰；如果是淹死的，尸体肚腹鼓胀，里面有水；如果是用衣物或湿纸捂住嘴鼻闷死的，尸体便会肚腹干胀；如果是被人勒死的，尸体脖颈上必然有绳印相交的伤痕，有的尸体还有手指甲抓损之处。如果是上吊自杀而死的，绳印便会在尸体脑后呈八字

形分开，印痕不相交；绳索套在喉结下部的，舌头伸出口外；绳索套在喉结上部的，舌头不伸出。务必要仔细验看。如果确定是自己造成伤损而致命的，就不可怀疑他人。如有他杀的疑虑，则要等捉到凶犯后再断定。捕捉凶手而没有抓到，还是属于工作上的过失；如果是被人打死的，却验定为病死，以后如果捕获凶犯，那就免不了要受到严重处责。

检验文书上的文字，不能用“皮破血出”的字样，因为一般皮破就会血出，应当说“皮肤轻微损伤，有血流出”。

凡是确定为致命伤痕，即使很小，也应稍微扩大它的分寸。已确定为致命伤痕，并且内有骨折的，应当声明写清楚；没有骨折，就不必写上“骨头不折”，以免被误解为没有致命伤害。如果杀人凶器尚未找到，对伤痕的检验不能有丝毫的扩大或减小，以免以后搜缴到的凶器与伤痕对不上。有多处伤的，一定要确定哪一处是致命伤。

原典

凡聚众打人，最难定致命痕。如死人身上有两痕皆可致命，此两痕若是一人下手，则无害；若是两人，则一人偿命，一人不偿命。须是两痕内，斟酌得最重者为致命。

凡官守戒访外事。惟检验一事，若有大段疑难，须更广布耳目以合之，庶几[1]无误。如斗殴限内身死，痕损不明；若有病色，曾使医人、师巫救治之类，即多因病患死。若不访问，则不知也。虽广布耳目，不可任一人，仍在善使之，不然，适足自误。

凡行凶人不得受他通吐，一例收人解送。待他到县通吐后，却勾追。恐手脚下人妄生事搔扰也。

凡初、复检讫，血属、耆正副[2]、邻人并责状看守尸首，切不可混同解官，徒使被扰。但解凶身、干证。若狱司要人，自会追呼。

注释

① 庶几：大约、差不多。

② 耆正副：正副耆长，乡里差役。宋代于各乡挑选有勇力者担任耆长，设有正、副，负责协助县衙缉捕罪犯，维护本地治安。

译文

凡是聚众打架被打死的人，最难确定哪一处是致命伤痕。如果死者身上有两处伤痕都能致命，而这两处伤痕如是同一人下手打的，那倒没什么麻烦；如果是两个人打的，就会有一个人偿命，一个人不偿命。所以必须对两处伤痕中斟酌出最重的定为致命伤。

凡是居官守职，应避免探访外事。只有检验尸身这件事，如果遇有重大的疑难问题，就必须多派人四下里探听察看情况而加以对证，尽可能地避免出差

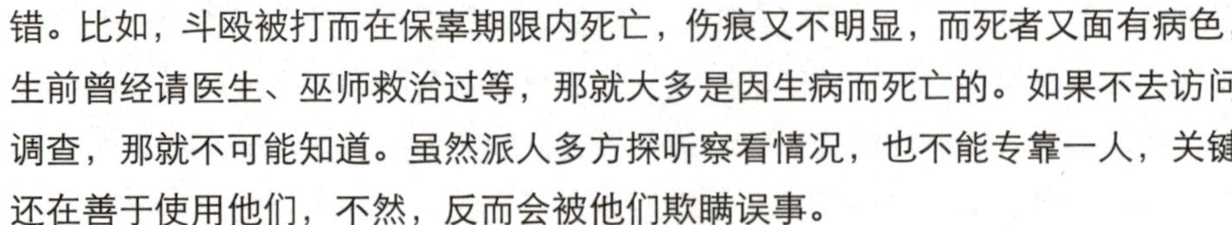

错。比如，斗殴被打而在保辜期限内死亡，伤痕又不明显，而死者又面有病色，生前曾经请医生、巫师救治过等，那就大多是因生病而死亡的。如果不去访问调查，那就不可能知道。虽然派人多方探听察看情况，也不能专靠一人，关键还在善于使用他们，不然，反而会被他们欺瞒误事。

凡是凶手捕获后，不能让他就地吐供，要一律押解到县里。等他到县里全部招供后，再立即追捕同案犯。为的是防吏役下人，妄自生事，骚扰百姓。

凡是初验、复验完毕，死者亲属、正副耆长、邻人等都要求他们写出保证，负责看守尸身。千万不要与当事人一起解送官府，使他们白白地受到骚扰。只需押解凶手和证人。如果审判机关要找人，自然会传讯他们。

原典

凡检复后，体访得行凶事因，不可见之公文者，面白长官，使知曲折，庶易勘鞫。

近年诸路宪司行下，每于初、覆检官内，就差一员兼体究①。凡体究者，必须先唤集邻保，反复审问。如归一，则合款供；或见闻参差，则令各供一款。或并责行凶人供吐大略，一并缴申本县及宪司。县狱凭此审勘，宪司凭此详复。或小有差互，皆受重责。簿、尉既无刑禁，邻里多已惊奔，若凭吏卒开口，即是私意。须是多方体访，务令参会归一。切不可凭一二人口说，便以为信，及备三两纸供状，谓可塞责。况其中不识字者，多出吏人代书；其邻证内或又与凶身是亲故，及暗受买嘱符合者，不可不察。

随行人吏及合干人，多卖弄四邻，先期纵其走避，只捉远邻或老人、妇人及未成丁人塞责（或不得已而用之，只可参互审问，终难凭以为实，全在斟酌）。又有行凶人恐要切干证人真供，有所妨碍，故令藏匿；自以亲密人或地客、佃客出官，合套诬证，不可不知。

顽囚多不伏于格目内凶身下填写姓名、押字，公吏有所取受，反教令别撰名色，写作被诬或干连之类，欲乘此走弄出入。近江西宋提刑②重定格目，申之朝省，添入被执人一项。若虚实未定者，不得已与之就下书填。其确然是实者，须勒令签押于正行凶字下。不可姑息诡随，全在检验官自立定见。

注释

① 体究：察访调查、分析研究，即判案前的调查研究工作。

② 江西宋提刑：江西路提刑官，姓宋，生平不详。

译文

凡是检验之后，调查访问到行凶的原因和经过，不能公开写于公文上的，应该当面报告长官，使他知道内中曲折，以便顺利审讯。

近年来各路司法机关向下发文规定，常常在初检、复检官员当中，委派一人兼做“体究”工作。凡担任“体究”工作的，必须先召集邻人、地方保甲，见证人反复审问。如果他们的证词基本一致，就汇合成一份供状；如果他们的所见所闻参差不一，就让他们分别各写一份供述。或者同时责令凶犯供述大概情况，一起呈报本县和上级司法机关。县审判官就凭这些材料进行审理，上级司法机关也凭这些材料进行审批。这些材料只要稍有差错，有关人员都要受到重责。主簿、县尉对滥用刑罚没有禁令，邻居百姓多数也已惊慌逃跑，如果仅仅是吏卒的话，那只是他们个人的私意（不能简单听信）。应该多方访察，务必使各方面的材料参会归一，相互印证，得出一个正确的结论。千万不可单凭一两个人的口述，便以为真实可信，或取得三两张供词，便以为可以敷衍塞责。况且证人中有不识字的，其供述大多出于吏人代写；而邻居、证人中有的又可能与凶犯是亲戚朋友，以及有的暗中被收买做伪证。对这些情况，检验官不可不仔细审察。

随行的吏役及有关人员，往往被买通而恐吓欺骗四邻，事先放纵他们逃避，只捉些远邻或老人、妇女和未成年的人来敷衍塞责。在这种情况下，如果迫不得已要使用他们的证词，那也只能做一些参考性的讯问，终究难以作为实据，是否可信，全在于检验官仔细斟酌。还有一些行凶人害怕重要的见证人如实供述，对自己有所不利，便故意叫他们躲藏起来，另叫与他自己关系亲密的人或长工、佃户等出庭见官，互相串通，制造伪证，对于这些情况，检验官不可不了解清楚。

凶顽的罪犯大多不肯认罪伏法，不肯在验尸表格“凶身”栏内签名画押，官府吏员则因索取贿赂，反教凶犯玩弄花招，写成被人诬陷或无辜受牵连等，企图乘此机会搅乱案情，逃脱罪责，嫁祸于人。近来江西宋提刑重新修订了验尸表格，报经朝廷批准，增加了“被拘捕人”一栏。如果遇到凶犯真伪不能确定的，不得已就让他在此栏目内填写；那些已确定是真凶的，必须勒令他们在“行凶人”正栏栏目内签字画押。不能姑息迁就，关键在于检验官自己要拿定主意。

古代验尸观察表象的不足及文字要求

古人在尸检中提到的火场烟灰、淹死、上吊痕迹、死后舌头出及轻微伤等现象，虽然有一定的道理，但是从今天的法医理论来看，有些问题解释得不是十分科学。现代法医理论认为，若仅口腔有烟灰，尚不能确认是生前烧死，因移尸火场，烟灰也可飘落于口鼻内，须检验气管以下或食道有烟灰，才能认定是生前烧死。人在被淹过程中呛水，有可能吞咽大量水（溺液），致胃饱腹胀，但并非所有溺水者都有此征象。人入水后先是憋气，体内缺氧，二氧化碳增加，憋不住了再吸气，因而吸入液体，呼吸道被堵塞，气管黏膜神经受刺激，出现肺休克，意识丧失。整个过程若未产生强烈的吞咽反射，就不会吞水入胃，腹也不会胀。捂闷口鼻外孔致呼吸障碍，其窒息过程中，先出现吸气性呼吸困难，即由于体内缺氧，二氧化碳蓄积，产生强烈吸气，此时由于膈肌大幅度下降，腹腔容积变小，腹部隆起，但膈肌松弛回位时，腹部亦复原形，以后就是呼气性困难，此时也不会产生吞下气体的反射。总之，在窒息过程中应该不存在吞下气体致腹胀的问题。勒痕不一定都有交叉，如打结、棒绞、重物坠、脚蹬等各种勒式的勒痕，都可以没有相交，有些还呈八字形开口。自缢、他缢、意外缢死，都可以出现八字不交缢痕。另一方面，缢痕不一定都呈八字不交，有的闭合成人字，有的交叉，有的为绳结压痕等。被勒死者亦可有八字交形勒痕。因此，仅根据颈部带状物压痕呈八字不交，既不能认定是缢死，也不能断定是自缢。压迫喉结上有舌尖挺出，压迫喉结下，也有舌尖不挺出的。如压力较水平地向后压缩，舌尖就很难伸出。至于有多处伤痕，只能指定一处为要害致命伤痕之说法，从现代法医学观点看，是不认可的：多处损伤经检验认定致命伤，一般情况下并不难，如果致命伤有多次暴力作用，如心脏被连续刺两刀，腹部被连击多拳致脾脏破裂而死，要定哪一刀、哪一拳致命是极难的。因此，如果两人同时刺同时打击，要从中定哪个对致命伤负主要责任，有时比较困难。

另外古代办案对检验报告的文字有较高的要求，在文字报告中不能出现“皮破血出”的字样，这样写不够精准，应当写成“皮肤轻微损伤，有血流出”。现代司法的进步，对检验文书有了更为详尽的要求。司法部《司法鉴定文书规范》共有十五条，其中第九条对文书的语言表述这样规定：使用符合国家通用语言文字规范、通用专业术语规范和法律规范的用语；使用国家标准计量单位和符号；使用少数民族语言文字的，应当符合少数民族语言文字规范；文字精练，用词准确，语句通顺，描述客观、清晰。这些都体现了司法的严谨和进步。

四　疑难杂说上

原典

凡验尸，不过刀刃杀伤与他物斗打、拳手殴击，或自缢、或勒杀、或投水、或被人溺杀、或病患数者致命而已。然有勒杀类乎自缢；溺死类乎投水；

斗殴有在限内致命，而实因病患身死；人力、女使因被捶挞，在主家自害、自缢之类。理有万端，并为疑难，临时审察，切勿轻易，差之毫厘，失之千里。

凡检验疑难尸首，如刃物所伤透过者，须看内外疮口，大处为行刃处，小处为透过处。如尸首烂，须看其原衣服，比伤着去处[①]。尸或覆卧，其右手有短刃物及竹头之类，自喉至脐下者，恐是酒醉撺倒，自压自伤。如近有登高处或泥，须看身上有无财物、有无损动处，恐因取物失脚自伤[②]之类。

检妇人，无伤损处，须看阴门，恐有自此入刀于腹内。离皮浅，则脐上下微有血沁，深则无。多是单独人、求食妇人。

如男子，须看顶心，恐有平头钉；粪门，恐有硬物自此入。多是同行人，因丈夫年老、妇人年少之类也。

凡尸在身无痕损，唯面色有青黯，或一边似肿，多是被人以物搭口鼻及罨捂杀[③]。或者用手巾、布袋之类绞杀，不见痕，更看项，项[④]上肉硬即是。切要者，手足有无系缚痕，舌上恐有嚼破痕，大小便二处恐有踏肿痕。若无此类，方看口内有无涎唾，喉间肿与不肿。如有涎及肿，恐患缠喉风[⑤]死，宜详。

注释

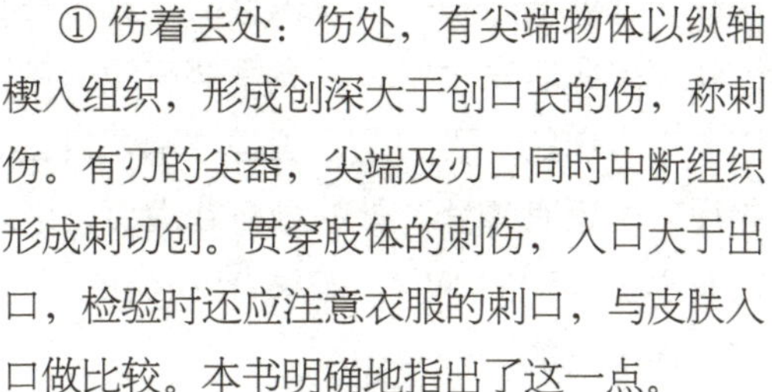

① 伤着去处：伤处，有尖端物体以纵轴楔入组织，形成创深大于创口长的伤，称刺伤。有刃的尖器，尖端及刃口同时中断组织形成刺切创。贯穿肢体的刺伤，入口大于出口，检验时还应注意衣服的刺口，与皮肤入口做比较。本书明确地指出了这一点。

② 失脚自伤：自己大意所伤。

③ 罨捂杀：软物掩捂口鼻致呼吸障碍造成体内缺氧、二氧化碳蓄积而死亡，即窒息死。

④ 项：颈分前后两部，后部称项部。项部肌肉丰富，最大的为斜方肌、头夹肌、肩胛提肌、背棘肌等。

⑤ 缠喉风：古代中医学病名。急性喉部疾患总称。可因喉部肿胀致呼吸道狭小甚至堵塞，致窒息，或由于毒素作用等而死亡。

译文

凡是检验尸体，不外乎查验刀刃杀伤与钝器打伤、拳手殴击伤，或上吊自杀、被人勒死、自己投水、被人溺死、因病而死等情况。但有被人勒死的尸身却像是上吊自杀；被人溺死却像是自己投水；斗殴致伤在保辜限期内死亡的，其中有的却是因病而死亡；还有男仆女婢因被拷打后，在主人家中自己伤害自己、自己上吊等情况。致死的原因和情况多种多样，往往成为疑难的案件。现场检验尸体时必须仔细审验检查，千万不可轻视马虎，因为检验时如有丝毫的差错，就会使断案产生极大的失误。

凡是检验疑难尸体，如果是被刀刃刺穿、透过肢体的伤，必须验明内外两面伤口，大的伤口是刀刃穿入的地方，小的伤口是刀刃穿透的地方。如果尸体已经腐烂，那就要验明死者原来穿的衣服，将衣服上刺破的地方对照身上的伤痕。尸体如果趴卧在地上，其右手握有短而带刃的东西以及竹头之类，从颈喉至肚脐以下有伤的，恐怕是因酒醉跌倒，自己压在尖锐物件上自伤而致死亡的。如果尸体附近有攀登高处的地方或泥土，必须验看死者身上有没有财物、四周有没有损折移动的地方，如果有财物和损折移动的地方，恐怕是因为取财物而失脚自伤跌死的。

检验女性尸体，如身上没查到损伤的地方，就要验看阴门，恐怕会从这里将刀插入腹内。刀伤离肚皮浅的，那肚脐上下就会有血晕微微呈现，刀伤离肚皮深的就没有。发生这类事情的大多是独身妇女或在外谋生的妇女。

如果是男性尸体，身上没查到损伤，必须验看头顶心，恐怕钉有平头钉；还要验看肛门，恐怕有坚硬物体从这里插进去。干这种事的大多是与死者同行共居的人，如由于丈夫年老、妻子年轻而谋害本夫等。

凡是尸体全身没有伤痕，只是面色青紫，或半边脸像是肿胀，这种情况大多是被人用东西捂住嘴巴和鼻子闷死的，或者是用毛巾、布袋之类的东西勒死的，所以不见痕迹，只要再验看项部肌肉，如果非常坚硬，就肯定是这样致死的。切要注意的是：要看死者手脚有没有被捆绑的痕迹，舌头有无嚼破的伤痕，肛门和生殖器两处有无被脚踏肿的痕迹。如没有这些痕迹，再验看口内有没有唾涎，以及咽喉之间肿或不肿。如果口内有唾涎，以及咽喉肿胀，恐怕是患缠喉风死的，应详细验看。

原典

若究得行凶人当来有窥谋，事迹分明，又已招伏，方可检出。若无影迹，即恐是酒醉[①]卒死。

多有人相斗殴了，各自分散。散后，或有去近江河、池塘边，洗头面上血、或取水吃，却为方相打了，尚困乏，或因醉相打后，头旋落水淹死[②]。落水时尚活，其尸腹肚膨胀，十指甲内有沙泥，两手向前，验得只是落水淹死。分明其尸上有殴击痕损，更不可定作致命去处，但一一札上验状，只定作落水致命，最捷。缘打伤虽在要害处，尚有辜限，在法虽在辜限内及限外以他故死者，各根据本殴伤法（注他故谓别增余患而死者）。今既是落水身死，则虽有痕伤，其实是以他故致死分明。曾有验官，为见头上伤损，却定作因打伤迷闷不觉，倒在水内；却将打伤处作致命，致招罪人翻异不绝。

注释

① 酒醉：酒醉是酒精中毒的表现。

② 淹死：即溺死，指液体（溺液）淹没口鼻并被吸入呼吸道所致的死亡。

译文

如果追究凶手，查到他有窥伺时机蓄谋杀害的情节，事实清楚确实，并且本人已招供伏罪，才可以做出检验结论。如果没有这种迹象，则可能是因酒醉而突然死亡。

常有这种事情，几个人斗殴以后，各自分散。离开以后，有的人到附近江河、池塘边洗濯头面上的血污，或者取水喝，却因为斗殴刚结束，身上无力困乏，或者因为酒醉打斗后头晕，掉下水淹死。刚落水时还活着（随后才溺水死亡），因此尸体肚腹膨胀，十个指甲内有泥沙，两手向前伸，检验结果只能是落水淹死。尽管他的尸体上有明显的殴打的伤痕，但不能定作致命的伤痕，而要将各情节一一记录在验尸报告书上，只能定作落水死亡，最为便捷。因为打伤虽然在要害的地方，但还有保辜限期，法律上在保辜限期内与保辜限期外因其他原因死的，各按殴伤法论处。注：其他原因，指另外增加的其他病患而致死的情况。现在既然是落水身死，那么即使有伤痕，其实是因其他缘故而致死的，理由很清楚。曾经有位检验官，因为看到死者头上有伤痕，就定作因打伤昏迷，不自觉掉在水里淹死，竟把打伤的地方定作致命处，从而引起被定罪的人不断翻案。

原典

更有相打散，乘高扑下卓死亦然。但验失脚处高下，扑损痕瘢、致命要害处，仍须根究曾见相打分散证佐人。

凡验因争斗致死，虽二主分明，而尸上并无痕损，何以定要害致命处？此必是被伤人旧有宿患气疾[①]，或者未争斗以前，先曾饮酒至醉，至争斗时有所触犯，致气绝而死也。如此者，多是肾子或一个或两个缩上不见，须用温醋汤蘸衣服或绵絮之类，罨一饭久，令仵作、行人以手按小腹下，其肾子[②]自下，即其验也。然后仔细看要害致命处。

注释

① 气疾：中医学病名。本书所述“气疾而猝死”，未详。

② 肾子：即睾丸，男性内生殖器之一，产生精子及雄性激素等，男性的本质特征。一般有一对。卵圆形，位于阴囊内。

译文

还有的人互相殴打后散开，其中有的人从高险的地方失足摔下跌死，也是这样。这就要验明失脚处的高低、跌扑时的损伤痕迹、致命的要害部位在什么地方，还必须查问曾经亲眼看到打斗后散去的见证人、旁证人。

凡是检验因争斗而致死的尸体，虽然争斗的双方当事人都很清楚，但尸体上却没有伤痕，怎样确定要害致命的原因呢？这类情况必定是被打伤的人原来就有气疾等老毛病，或者是没有争斗之前，先曾喝醉了酒，到争斗时恰好碰到老毛病发作，以致气绝身亡。遇到这类情况的，大多会有一个或两个睾丸缩上不见，要用温热醋水浸湿衣服或棉絮之类的东西盖在尸体的小腹和阴囊上，约一顿饭的时间，然后吩咐仵作、行人用手在小腹上向下按，缩上去的睾丸自然会下来，便是这类原因致死的明证。然后再仔细验看要害致命的部位。

原典

昔有甲乙同行，乙有随身衣物，而甲欲谋取之。甲呼乙行，路至溪汀，欲渡中流，甲执乙就水而死，是无痕也。何以验之？先验其尸瘦劣、大小，十指甲各黑黯色，指甲及鼻孔内各有沙泥，胸前赤色，口唇青斑，腹肚胀。此乃乙劣而为甲之所执于水而致死也①。当究甲之原情，须有赃证，以观此验，万无失一。

注释

①本书所列征象很难证明按入水中溺死。根据实际检验结果，不少溺死者（包括被人掀入水里溺死）没有本书所述现象，相反，非溺死者也有可能出现这些征象。

译文

从前有甲乙二人一同行路，乙随身带有衣物，而甲想要谋取它。于是甲叫乙跟着他走，涉水过河，刚到河中心时，甲就把乙按在水里淹死。这种情况而死的尸体是没有伤痕的，怎样检验它呢？（如果）先验看到乙的尸体确实瘦弱、矮小，十个指甲都呈乌黑色，指甲及鼻孔内皆有泥沙，胸前皮肤呈红色，嘴唇有青斑，肚腹肿胀，就能判定是乙体弱而被甲按于水中致命的。但是还要追查甲作案的原始情节，还必须要有赃证，以之与检验情况互相对照，这样才会万无一失。

原典

又有年老人，以手捂之，而气亦绝，是无痕而死也。

有一乡民，令外甥并邻人子将锄头同开山种粟。经再宿不归，及往观焉，乃二人俱死在山。遂闻官。随身衣服并在，牒官验尸。验官到地头，见一尸在小茅舍外，后项骨断，头面各有刃伤痕；一尸在茅舍内，左项下、右脑后各有刃伤痕。在外者，众曰：先被伤而死。

在内者，众曰：后自刃而死。官司但以各有伤，别无财物，定两相并杀。一验官独曰：“不然，若以情度情，作两相并杀而死，可矣；其舍内者，右脑后刃痕可疑，岂有自用刃于脑后者？手不便也。”① 不数日间，乃缉得一人，因仇并杀两人。县案明，遂闻州，正极典。不然，二冤永无归矣。大凡相并杀，余痕无疑，即可为检验。贵在精专，不可失误。

注释

①枕部俗称脑后，自砍脑后不顺手，但也不是绝对不可以。本段所举为很成功的现场验尸，是根据伤痕部位、程度，判断案件性质的案例，可见古代法医学检验已十分客观。

译文

还有的老年人，被人用手捂住口鼻，就会气绝身死。这也是没有伤痕而死亡的一种情况。

有一个乡民，叫他的外甥同邻居的儿子拿着锄头一道去山上开荒种粟，过了两夜还没回家，等他赶去看时，两个人都死在山上了，于是到官府报案。死者随身衣服都在。官府发文请官验尸。检验官到尸体现场，看到一具尸体在小茅屋的外面，颈后骨断折，头上、脸上都有被刀刃砍伤的伤痕；一具尸体在茅屋内，颈项左下方、右脑后部都有被刀刃砍伤的伤痕。对于在屋外的尸体，众人都说是先被砍伤而身亡的。

对于屋内的尸体，众人都说是之后自杀身亡的。办案的官员仅以两具尸体各有伤痕，没有其他财物的丢失，判定为两个人互相拼杀同时死亡。但有一个检验官发表了与众不同的意见：“不是这样。假使按通常的情理来分析案子的情节，做出两人互相拼杀而同时死亡的结论，是可以的。但是那屋内的尸体，右脑后部的刀刃伤痕是值得怀疑的，哪里有自己用刀砍自己头后部的呢？那样砍的话，手并不方便。”过了几天，捉到一个人，是他因与那两个人有仇而把他们一起杀死的。一桩悬案才真相大白，于是报告州府，将凶犯依律处以死刑。如果不逮住真凶，那两个冤魂就永无归宿之日了。一般来说，双方互相拼杀，所有的伤痕都应检验得无可怀疑时，才可做出验尸结论。对于检验工作来说，最可贵的是精确专深，不可失误出错。

尸检的疑难处

古人在尸检中针对刀伤、钝器、溺水等的疑难之处进行了论述，对刺伤和切伤有清楚的界定，但是在论述失脚自伤时指出这种刺伤的原因有些片面，仆卧者手握有尖物，躯干或颈前有刺伤，检验时既要考虑会不会酒醉跌倒意外刺伤致死，也要检验有无自杀、他杀的可能性。闷死者面色青紫，甚至肿胀，但这种征象非闷死者所特有，其他如窒息，或尸体头面部较躯干低、血液坠积等，都有可能出现，所以仅检见面色青紫，似有肿胀，不能就判定为闷死。认为手巾、布袋之类软带勒颈致死，项肌坚硬，以此作为判断的依据，这种认识缺乏科学性。柔软的宽带压迫颈部，皮肤的压痕不明显，而与颈部（包括项部）肌肉是不是坚硬并没有必然的联系。尸体上检见项部肌肉坚硬，首先考虑尸体变化的正常征象——骨骼肌僵硬，即尸僵，人死后经 1~2 小时，肌肉就开始僵硬，一般经 4~5 小时，颈项部肌肉僵硬。其次考虑局部尸体痉挛现象，即临死前该部肌肉强直性痉挛收缩，死后仍保留这种痉缩状态，直接进入尸僵，这种保持临死前瞬间肌肉痉缩所出现的姿态（势）的现象称尸体痉挛。若出现，一方面难以与正常尸僵鉴别，另一方面也难认定系勒颈所致。溺死者“十指甲内有泥沙”的说法亦不全面。人受溺挣扎时，两手乱抓，有可能抓刮到泥沙。但是，若水深，人难沉到底，或河床为石板而无沙泥，或挣扎不明显等，指甲完全可以没有泥沙。相反，投尸入水，可因尸体漂流或在捞尸过程中，尸体手指刮到河床泥沙，所以，水中尸体指甲有无泥沙，并不能作为判断是不是淹死的依据。尸体肌肉僵硬时，阴囊亦呈收缩状。身患暗疾，突然死亡（猝死），睾丸即上缩，这种说法缺乏依据。

在科技发达的今天，对比较棘手的内伤、胸腔等验证，可使用微创手术，无需开刀，只要在尸体上开一个洞，用腹腔镜及胸腔镜等仪器，窥探尸身内部各器官的情况，同时抽取体内组织或体液进行化验。微创技术的耗时较长，费用较高，对头、手、足部位的检验仍离不开传统的尸检方法。

卷之二

五 疑难杂说下

原典

检验被杀尸在路旁，始疑盗者杀之。及点检沿身衣物俱在，遍身镰刀斫伤十余处。检官曰：“盗只欲人死取财，今物在伤多，非冤仇而何？”遂屏左右，呼其妻问曰：“汝夫自来与甚人有冤仇最深？”应曰：“夫自来与人无冤仇，只近日有某甲来做债不得，曾有克期之言，然非冤仇深者。”检官默识其居，遂多差人分头告示侧近居民：“各家所有镰刀尽底将来，只今呈验，如有隐藏，必是杀人贼，当行根勘！”俄而，居民赍到镰刀七八十张，令布列地上。时方盛暑，内镰刀一张，蝇子飞集。检官指此镰刀问为谁者？忽有一人承当，乃是做债克期之人。就擒讯问，犹不伏。检官指刀令自看：“众人镰刀无蝇子，今汝杀人，血腥气犹在，蝇子集聚①，岂可隐耶？”左右环视者失声叹服，而杀人者叩首服罪。

注释

①蝇子集聚：这是《洗冤集录》中有名的案例，是判断致伤物的一种间接方法。未洗干净的杀人凶器有血腥味，能引来嗅觉灵敏的苍蝇，为侦查指出方向。在科学技术尚不发达的古代，这种生物识别法还是有作用的，检验官能这样做，不能不说是科学之举。

译文

有个检验官检验被杀死在路边的尸体，起初他怀疑是被盗贼所杀，经查点随身衣服财物都在，全身被镰刀砍伤十多处。检验官说：“盗贼杀人只是为了抢夺财物，现在财物都在而刀伤很多，不是仇杀又是什么？”于是叫随从人员退下去，唤死者的妻子来问：“你丈夫向来与什么人冤仇最深？”回答说：“我丈夫与人从来没有冤仇，只是前几天有某甲前来借钱，没借给他。他曾扬言限期取钱，但与他并不是冤仇很深。”检验官心中暗暗记住了某甲的住处，于是就派了许多差人分头告示某甲附近的居民：“各家所有镰刀统统拿出来，立即呈交检验。如果有隐藏不交的，必然是杀人凶手，一定要彻底追究查办。”一会儿，居民送缴来镰刀七八十把。检验官吩咐排列地上。当时正是盛夏暑热天气，其中有一把镰刀，许多苍蝇飞来聚集在上面。检验官指着这把镰刀问：“这把镰刀是谁的？”当即有一人出来承认是他的，此人就是借债没借到而扬言限期要钱的人。于是立即将此人逮捕审问，此人不服罪。检验官指着这把镰刀叫他自己去看：“其他人的镰刀上都没有苍蝇，现在你杀了人，镰刀上的血腥气还在，所以苍蝇聚集在上面，难道这可以隐瞒得了吗？”左右围观的人都禁不住发出叹服声，那个凶手也只好叩头认罪。

原典

昔有深池中溺死人，经久，事属大家因仇事发。体究官见皮肉尽无，惟髑髅、骸骨尚在。累委官不肯验。上司督责至数人，独一官员承当。即行就地检骨。先点检见得其他并无痕迹，乃取髑髅净洗，将净热汤瓶细细斟汤，灌从脑门穴入，看有无细泥沙屑自鼻孔窍中出[①]，以此定是与不是生前溺水身死。盖生前落水，则因鼻息取气，吸入沙土；死后则无。

广右有凶徒，谋死小童行而夺其所赍。发觉，距行凶日已远。囚已招伏："打夺就推入水中。"尉司打捞，已得尸于下流，肉已溃尽，仅留骸骨，不可辨验，终未免疑其假合，未敢处断。后因阅案卷，见初验体究官缴到血属所供，称其弟原是龟胸[②]而矮小。遂差官复验，其胸果然，方敢定刑。

注释

① 颅骨灌水验沙，古代检验溺死的方法之一。人的耳、鼻、口通咽。死者生前落水时在憋气到最大限度之后，本能地出现大力吸气动作，从而吸进水及泥沙（如有泥沙的话），这泥沙不但可存在鼻腔、咽、喉及气管以下呼吸道，还可进入副鼻窦，甚至往耳咽管到中耳。经向颅脑灌水，这些孔道就有可能流出泥沙。在古代能进行这种检验，在一定程度上是可取的。

② 龟胸：即鸡胸，胸骨及肋骨发育畸形，以胸骨为中线凸出而得名，多见于佝偻病。这是古人进行尸源认定(个人识别)的例子，有其科学性。当时人类学尚处在很不完善的阶段，能以骨骼识别尸源，确实了不起。

译文

从前深水池中有个淹死的人，事情隔了很久，由于事情关系到一个有钱有势的大户人家，因仇事才被人揭发出来。预审官看到的尸体皮肉都烂掉了，只有髑髅、骸骨还在。上司多次派官可谁也不肯去检验，督责了好几个人，才有一位官员愿意承担验尸工作。这位官员便到当地检验尸骸。他先点检一遍骨头，并没发现骨骸上什么损伤痕迹，就将髑髅洗干净，用盛着干净热水的瓶子慢慢地向它灌水，水从脑门穴流进去，细看有没有细泥沙屑从鼻孔洞中流出，以便根据发生的现象来判定是不是生前落水淹死的。因为凡是生前落水淹死的，就会由于鼻孔的呼吸，吸进水中的泥土，死后扔到水中的就没有这种现象。

广西有个凶徒谋杀了一个小和尚，并抢夺了他携带的财物，案发时离行凶日期已有很长时间了。凶犯已经招供认罪："打劫后就把他推到水中。"县尉派人打捞，也在河流下游捞到尸体，肌肉已经烂尽了，只剩骸骨，不能辨认检验。承审官员始终怀疑这是一种巧合，不敢处刑断案。后来因翻阅案卷，看到初验预审官收到的死者血亲所做的供述，说他的弟弟生来就是龟胸而又矮小。于是派官员复验，尸骸胸骨正是这样，才敢定案判刑。

原典

南方之民，每有小小争竞，便自尽其命而谋赖人者多矣。先以榉树[①]皮罨成痕损，死后如他物所伤。何以验之？但看其痕，里面须深黑色，四边青赤，散成一痕而无虚肿者，即是生前以榉树皮罨成也。盖人生即血脉流行，与榉相扶而成痕。若以手按着痕损处，虚肿，即非榉皮所罨也。若死后以榉皮罨者，即苦无散远青赤色，只微有黑色。而按之不紧硬者，其痕乃死后罨之也。盖人死后血脉不行，致榉不能施其效。更在审详原情，尸首痕损那边长短，能合他物大小，临时裁之，必无疏误。

注释

①榉树：为榆科植物，落叶乔木，皮叶入药，用皮叶捣碎敷皮肤，使表皮染成青紫色，似皮下出血，还能腐蚀皮肤，但切开皮肤无凝血状。

译文

南方的百姓，常会为小小的争执就自杀而图谋诬赖对方，这样的事情是很多的。诬赖的办法是先用榉树皮捣烂敷在皮肤上伪装成伤痕，自杀身死后就像是用他物打伤的。怎样来检验鉴别呢？只要验看那“伤痕”里面是深黑色、四边青红，散成一块痕迹，而又不浮肿的，这就是生前用榉树皮敷成的假伤痕。因为人活着血脉流通，与榉皮汁相互作用就会形成这样的痕迹。如果用手按捺伤痕处，有浮肿现象的，就不是用榉树皮敷成的假伤。如果是死后用榉树皮敷上的，就没有向四边扩散开来的青红色，只微微呈现黑色，而按捺伤痕处也不会感到紧硬，这样的伤痕就是死后敷装成的。这是由于人死后血脉不流通，致使榉皮汁不能发挥效用的缘故。处理这类案件，更重要的是在于审察清楚案子的原始情节，验看尸体伤痕哪边长哪边短，是否符合凶器打击部位的大小尺寸，办案时要全面审查分析，这样才一定不会有差错。

原典

凡有死尸肥壮无痕损，不黄瘦，不得作病患死。又有尸首，无痕损，只是黄瘦，亦不得据所见只作病患死检了。切须仔细验定因何致死。唯此等检验最误人也。

凡疑难检验及两争之家稍有势力，须选惯熟仵作人，有行止畏谨守分贴司，

并随马行，饮食水火，令人监之。少休，以待其来。不知是，则私请行矣。假使验得甚实，吏或受赂，其事亦变。官吏获罪犹庶几，变动事情、枉致人命，事实重焉。

应检验死人，诸处伤损并无，不是病状，难为定验者，先须勒下骨肉次第等人状讫，然后剃除死人发髻，恐生前彼人将刃物钉入囟门[①]或脑中，杀害性命。

注释

① 囟门：颅腔由八块颅骨接合而成。新生儿颅骨生前发育过程中尚未接合的较大间隙，称囟门。有额囟（前囟，额骨与左右顶骨接合处）、枕囟（后囟，枕骨与左右顶骨接合处），此外还有乳突囟、蝶囟。在儿童期前后囟门均已闭合，本处指的可能是其部位，并非未闭合的囟门。

译文

凡是死尸肥壮，没有伤痕，又不黄瘦，不能定作生病死亡；又有的尸体没有伤痕，只是黄瘦，也不能仅仅根据所见现象就作为生病死亡来检验完事，务必要仔细检验确定是由于什么原因致死的。这类尸体的检验是最容易误导人的。

凡是对疑难尸体的检验，以及争执双方都有势力的，一定要挑选老练成熟的检尸人员和有品行、小心谨慎、安分守法的文书，并让他们紧紧跟在检验官的坐骑左右行走。若逢吃饭、大小便，都要派人监视，检验官可稍作休息，等他们回来后再一同行动。如果不这样做，那么私下托情的事情就会发生了。即使检验出真实的死因，而吏役如接受了贿赂，那么案情事实也会有改变的。承办官员因此获罪倒还在其次，变动了案情事实，枉杀无辜，后果就实在太严重了。

应该受检验的死者，各处都没有伤痕，又不呈现病死的情状，难以做出检验结论的，先要勒令死者的亲属等人依次立据，然后剃掉死人发髻验看，恐怕是生前被人用尖锐的器物钉入囟门或脑中，而被杀害性命。

原典

被残害死者，须检齿、舌、耳、鼻内或手足指甲中，有签刺[①]簪害之类。

凡检验尸首，指定作被打后服毒身死、及被打后自缢身死、被打后投水身死之类，最须见得亲切方可如此申上。世间多有打死人后，以药灌入口中，诬以自服毒药[②]；亦有死后用绳吊起，假作生前自缢者；亦有死后推在水中，假作自投水者。一或差互，利害不小。今须仔细点检死人在身痕伤，如果不是要害致命去处，其自缢、投水及自服毒，皆有可凭实迹，方可保明。

注释

①签刺：细长尖硬物刺入组织。古代法医学检验已注意到尖物刺入自然孔道的隐蔽作案手段。但书中所述部位被刺，如果未伤及重要器官，不一定会致死，如刺指（趾）尖，虽疼痛难忍，但一般不致命，刺入耳、舌、鼻内，一般亦不致命，即使刺入颅内，不伤及生命中枢及大血管，亦可不死。

②死后灌药，是一种对死亡性质的伪装手段。本书这段话足见我国古代法医学的先进。强调对死因及死亡性质的认定，必须在详细检验的基础上做出，这个观点对今天法医学检验仍有指导意义。死后灌药，伪装自杀或意外死亡，现今还经常遇到，如扼颈致死后，往嘴里灌杀虫剂之类味道很浓的有毒物质，粗心的检验者，一嗅到死者口腔有浓郁的似某种毒物的气味，就忽视了其他检验，结果上当受骗。

译文

被残酷杀害而死亡的，必须检验牙齿、舌头、耳朵、鼻孔内，或指甲与趾甲中，是否有签刺入而杀害致命的情节。

凡是检验尸体，对于被认定是被殴打后服毒身死、被殴打后自己上吊身亡以及被殴打后投水自杀之类的案件，最需要验看清楚确切，才可以呈报上司。社会上常有打死人以后，用药灌进死人嘴里，伪装成服毒自杀的；也有杀人后用绳索将死人吊起来，假装成生前上吊自杀的；还有杀人后把死人推入水中，假装成自己投水死的。检验这类尸体，如一有差错，危害不小。因此必须一处一处地仔细检验死者身上的伤痕，如果没有伤及要害致命的部位，那么，被打后自己上吊、自己投水及自服毒药自杀等认定，都必须要有真凭实据，才可以做出结论。

自然死亡与谋杀致死的鉴定

犯罪分子将谋杀致死伪造成自然死亡，希望混淆视听，严重的能使司法失去公正，犯罪分子有可能逍遥法外。古人从苍蝇集聚、颅骨灌水验沙、以药灌入口中等方法对伪造假死现场进行了论述，这是古人的智慧，在许多文学书籍及电视剧中仍能看到这些故事的翻版。但是某物件能引蝇叮，不局限于血腥味，即使有血腥味，也不一定就是人血，若为人血，也不一定与本案有关，所以这种生物识别法有很大的局限性。颅骨灌水验沙此种征象非溺死特有，亦非固有。死后入水，泥沙亦可沉积于鼻孔、耳道等穴道，向颅腔灌水，从这些穴道流出的水当然亦会有泥沙。另一方面，如水清而深，溺死者未沉底，或河床（水底）干净，即无泥沙吸入，灌水试验显然无可靠性可言。

现代科技发达，现代法医学手段已经很丰富，对致伤物有无人血及体源认定，运

用血清免疫学原理及技术方法、DNA 检测、光电仪器分析等，检验灵敏，结果可靠。现代法医学对尸骨的身份认定，广泛运用体质人类学理论及技术手段，以及染色体、DNA 检验等，能确认性别、身高、骨骼特征以及年龄等。现代作案手段层出不穷，伪造自然死亡的犯罪更是花样百出，如常见于各种中毒，如煤气（一氧化碳）中毒、安眠药、麻醉剂、鸦片、吗啡中毒等；触电、脑震荡、过度寒冷、尿中毒、糖尿病等等更具有欺骗性，单凭古代的验尸方法很难得到全面公正的判断。随着生物学与解剖学的发展，现在除了借助科技以外，也有较为直观的检验，比如：根据死者生前的表情和走路的脚步痕迹判定是不是自杀，根据死者在自己身上试探的刀痕判定是否用刀自杀，根据死者坠楼后尸体与楼宇的距离判定是否跳楼等等进行鉴定甄别。

六　初检

原典

告状切不可信，须是详细检验，务要从实。

有可任公吏使之察访，或有非理等说，且听来报，自更裁度。戒左右人，不得卤莽。

初检，不得称“尸首坏烂，不任检验”，并须指定要害致死之因。

凡初检时，如体问得是争斗分明，虽经多日，亦不得定作无凭检验①，招上司问难。须仔细定当痕损致命去处。若委是经日久变动，方称尸首不任摆拨。

初检尸有无伤损讫，就验处衬簟尸首在物上，复以物盖。候毕，周围用灰印，记有若干枚，交与守尸弓手②、耆正副、邻人看守，责状附案，交与复检，免至被人残害伤损尸首也。若是疑难检验，仍不得远去，防复检异同。

注释

① 无凭检验：即无法检验。古代验尸仅做尸表检查，如尸表已高度腐败溃烂，或被动物毁坏，一般就无法检验。现代法医学检验技术先进，可检验每个脏器组织及骨骼（包括毛发、牙齿），并进行毒物分析等。高度腐败的尸体、碎尸块、尸骨等，都有可能被检测到重要征象，为判断死因、死亡性质、死亡时间、死者身份等，提供依据。

② 弓手：古时，维持地方治安的兵勇射手。

译文

对告状者切不可轻信，必须要经过详细检验，务必要以事实为根据。

要挑选可信任的吏役公差，派他们去进行察访，如有非正常死亡等方面的说法，姑且听他们报告，自己再研究决定。要告诫手下人，不可鲁莽行事。

对尸体做初次检验，不允许随便就报称“尸首腐烂，不能检验”，并必须明确指出致死的要害原因。

凡是初次检验，如调查访问到确实是因争斗致死，虽然已经时隔多日，也不能定作“无从检验”，以免招致上级驳回。必须仔细检验出致命的伤损部位。如果确实是间隔时间太久而尸体腐烂不堪，才可报称尸首无法检验。

尸体经初次检验后，不论有无损伤，都应在验尸的地方铺垫竹席，将尸首安放在席子上，再用东西盖好。等到这些事做完，在周围盖上石灰印，记下灰印有多少枚，交给守尸的弓手、正副耆长、邻人看守，责令他们立下字据附在案卷里，交给复检官，以免发生再被人伤残破坏尸首的事。如果是疑难的检验，初检官就不能远离尸体，以防复检时发生与初检不一致的情况。

自然死亡与谋杀致死的鉴定

对于尸体的初次检验，古人在《洗冤录》中做了比较详尽的规定：对告状者切不可轻信，务必以事实为根据；不允许随“尸首腐烂，不能检验”；不行“无凭检验”之举；查出致死要害所在；在自己勘察不清时要妥善保管尸体，防止其他人做手脚等意外发生。简单几条从初次检验的态度、方法、保护等方面进行了论述，这与现代司法的检验程序在大的方面是一致的，不过现在尸检比过去初检的态度更为严谨，最高人民法院对尸检有严格的规定：严禁接受案件当事人及相关人员的请客送礼；严禁违反规定与律师进行不正当交往；严禁插手过问他人办理的案件；严禁在委托评估、拍卖等活动中徇私舞弊；严禁泄露审判工作秘密。人民法院工作人员凡违反上述规定，依纪依法追究纪律责任甚至刑事责任。从事审判、执行工作的，一律调离审判、执行岗位。

七　复检

原典

与前检无异，方可保明具申。万一致命处不明，痕损不同，如以药死作病死之类，不可概举。前检受弊，复检者乌可不究心察之，恐有连累矣。

检得与前验些小不同，迁就改正；果有大段违戾，不可依随。更再三审问干系等人，如众称可变，方据检得异同事理供申。不可据己见，便变易。

复检，如尸经多日，头面胖胀，皮发脱落，唇口翻张，两眼叠出[①]，蛆虫咂食，委实坏烂不通措手。若系刃伤、他物、拳手、足踢痕虚处，方可作无凭复检状

申。如是他物及刃伤骨损，宜冲洗仔细验之，即须于状内声说致命，岂可作无凭检验申上？

复检官验讫，如无争论，方可给尸与亲属。无亲属者，责付本都埋瘗；勒令看守，不得火化及散落。如有争论，未可给尸；且掘一坑，就所簟物舁，尸安顿坑内，上以门扇盖，用土罨瘗作堆，周围用灰印印记，防备后来官司再检复，仍责看守状附案。

注释

①两眼叠出：尸体高度腐败征象之一。眼球内充满腐败气体而凸出，且全脸肿胀、鼻粗唇厚、舌伸出、颈项粗大，构成巨人容貌。

译文

复检与初检没有不同的情况，才可做出结论备文上报。复检时，万一致命部位不清楚、损伤情况不一样，比如把用药毒死当作病死之类，不可马虎上报。如果初检者受贿舞弊，复检的人怎么可以不用心审察呢？否则对自己恐怕也会有连累的啊！

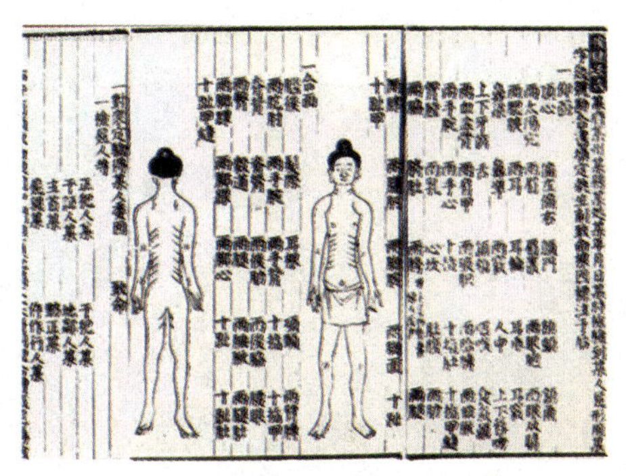

古版《洗冤录》

复检结果与初检只有细微的不同，可以迁就改正：如果真有重大的出入，就不可依从随同。更需再三审问案件的关系人，如果大家都说可变改，才可以根据复检的结果与初检不同的事实、理由一并拟文申报。不能根据一己之见就变更改动。

复检时，如果尸体已经间隔很多天，头脸肿胀，皮肤毛发脱落，嘴唇外翻张开，两眼凸出，蛆虫在尸体上蠕动吮食，确实腐烂得无从下手，而且是刀刃伤、他物伤、拳手伤、脚踢伤，伤痕是在皮肉虚软的地方，才可以做出“无法复检”的结论，具文申报。如果他物伤、刀刃伤已使骨头伤损，就应该将尸体冲洗后仔细验看，并必须在验尸报告中说清楚致命原因，怎能随便做“无从检验”的结论向上司申报呢？

复检官复检完毕，如果有关各方都无异议，才可以将尸体交给死者亲属。死者无亲属的，交付当地保甲长负责掩埋，并命令他们看守，不准将尸骨火化或者让它散落。如果当事人对检验有争论，就不可将尸骨交与死者亲属。可以暂时挖一个坑，将它连同垫盖的东西一道安放在坑内，上面盖好门板，用土掩埋成坟堆，周围用石灰印打上印记，防备以后官府再来复检，仍旧需要责令看守人员立下字据附在案卷里。

尸体复验的古今不同

古代尸检制度严格，被杀死的，初检后都要由上一级官员复检，一般尸体也常要复检，并对复检时的各个有关方面做了严格的规定。现代法医尸体检验，只有在对检验结果有疑义或有遗漏时，才进行复检。具体表现在：鉴定人工作不认真、不细致，导致当事人对鉴定产生怀疑的；鉴定条件不足，超出鉴定范围或与鉴定事项无关的案件的鉴定，当事人要求重新鉴定的；因鉴定人询问了解案情不当，或对鉴定人不尊重导致对鉴定结论的公正性产生怀疑的。另外现代复检可多次进行，以最后查清事实真相为根据。

八　验尸

原典

身上件数，正头面：（有无髻子）发长（若干）、顶心、囟门、发际、额、两眉、两眼（或开或闭，如闭，擘开验眼睛全与不全）、鼻（两鼻孔）、口（或开或闭）、齿、舌（如自缢，舌有无抵齿）、颏、喉、胸、两乳（妇人两奶膀）、心腹、脐、小肚、玉茎、阴囊（次揣捻两肾子全与不全，妇人言产门，女子言阴门）、两脚大腿、膝、两脚臁肕、两脚胫、两脚面、十指爪。

翻身：脑后、乘枕、项、两胛、背、腰、两臀瓣（有无杖痕）、谷道、后腿、两曲脷、两腿肚、两脚跟、两脚板。

左侧：左顶下、脑角、太阳穴、耳、左脸、颈、肩膊、肘、腕、臂、手、五指爪（全与不全，或拳或不拳）、曲腋、胁肋、胯、外腿、外膝、外臁肕、脚踝。右侧亦如之。四缝尸首须躬亲看验：顶心、囟门、两额角、两太阳、喉下、胸前、两乳、两胁肋、心、腹、脑后、乘枕、阴囊、谷道，并系要害致命之处（妇人看阴门、两奶膀）。于内若一处有痕损在要害①，或非致命，即令仵作指定喝起。

注释

①要害：指与生命活动紧密相关，严重损伤可直接致死的部位。本书所列头颅、颈部、胸腹部，从整体上说是要害部位，但损伤不一定致命。阴部及肛门是重要部位，暴力作用致伤，一般不致命，虽然偶尔可因反射性休克致死，但不是要害致命部位。书中所列检验顺序和项目是宋代统一规定的，今天仍可借鉴，肉眼能看到的尸表各部位都要检查，不漏过任何微小的异常。

译文

尸身检验项目如下。正面、头部：头上有无髻子、头发长多少、顶心、囟门、发际、额部、两眉、两眼（是睁开还是闭着，如果闭着，应撑开眼睑，检验眼球是否完整）、鼻子（两鼻孔）、嘴巴是张开还是闭着。牙齿、舌头（如是上吊自杀，应看舌头有没有抵着牙齿）、下巴、咽喉、胸部、两乳（女人两乳房）、心口、腹部、肚脐、小肚子、阴茎、阴囊（验看后用手捏摸两个睾丸看是否齐全，已婚女子称作产门，未婚女子称作阴门）、两下肢的大腿、膝盖、两小腿、两踝、两脚背、十个脚趾头和趾甲。

将尸体翻转，检验背面：后脑、枕部、项部、两个肩胛、背脊、腰、两臀瓣（有无杖伤疤痕）、肛门、大腿后侧、两腿弯、两腿肚、两脚跟、两足底。

左侧：左头顶下方、脑角、太阳穴、耳、左脸、侧颈、肩膀、肘、腕、臂、手（五个手指及指甲是否完整，有否拳曲）、腋窝、胁肋、胯、大腿外侧、膝外侧、小腿外侧、脚外踝。右侧也与左侧同样检验。对尸体的前后左右，检验官必须亲自验看：头顶心、囟门、两额角、两太阳穴、喉下、胸前、两乳、两胁肋、心口、腹部、脑后、枕部、阴囊、肛门，这些都是要害致命部位。妇女要验看阴门、两个乳房。其中如果有一处有伤痕而且是要害部位，即使不是致命伤，也要责令检验人员验明唱报。

原典

众约死人年几岁，临时须仔细看颜貌供写，或问血属尤真。

凡检尸，先令多烧苍术、皂角[①]，方诣尸检毕，约三五步，令人将醋泼炭火上，行从上过，其秽气自然去矣[②]。多备葱、椒、盐、白梅[③]，防其痕损不见处，借以拥罨。仍带一砂盆并捶，研上件物。

凡检覆，须在专一，不可避臭恶。切不可令

注释

① 苍术：为菊科植物，多年生直兰草本，根状茎人药，燥湿健脾。皂角：为豆科植物，落叶乔木，高可达30米，结荚果，富皂质，可洗衣物。入药，祛痰开窍。古代验尸时烧苍术、皂角以除秽气。

② 醋能除臭，尸臭主要是硫化氢及氨，验尸人员衣服、毛发、皮肤均可被恶臭物质沾附，古代用食醋（含3%～5%醋酸）蒸气进行化学除臭。

③ 白梅：未成熟的梅果，经盐水浸泡成青白色。绿色的梅果称青梅，带红色的称花梅。味极酸，可人药及食用。古代法医检验，用白梅肉酱敷伤处，利用梅的有机酸透过皮肤，使游离的血红蛋白变性，颜色加深，从而使有皮下

仵作、行人遮闭玉茎、产门之类，大有所误。仍仔细验头发内、谷道、产门内，虑有铁钉或他物在内。

检出致命要害处，方可押两争及知见亲属令见。切不可容令近前，恐损害尸体。

被伤处须仔细量长阔、深浅、小大，定致死之由。

仵作、行人受嘱，多以芮（一作茜）草[④]投醋内，涂伤损处，痕皆不见。以甘草[⑤]汁解之，则见。

出血的伤痕更明显。

④ 芮草：原注"一作茜草"。从书中陈述的使用情况来看，应是茜草。茜草又称"血见愁""血茜草"，含茜素，是天然大红染料。根入药凉血止血，消瘀血肿胀。用茜草汁涂损伤处呈一片红色，影响伤痕的检查。

⑤ 甘草：亦称甜草。多年生草本植物，根及根状茎含甘草甜素，著名中药。书中所提茜草浸醋涂伤痕，使之红染，涂于甘草汁，能化解，除去红染，伤痕重现。此法未经实验检验，暂存疑。检验人员被买通受托，往往事先将茜草放在醋里，把它涂在有伤痕的地方，伤痕就看不出来。对此，可用甘草涂抹化解掉醋的作用，伤痕便可重现出来。

译文

要众人回答死者年龄是多少岁，检验之时必须仔细观察死者容颜面貌并描述在案，或者讯问死者的亲属就更真实可靠。

凡是检验尸体，先要吩咐多烧些苍术、皂角，然后检验人员才可走到尸体近前。检验完毕，在距尸体三五步远的地方，吩咐人用醋浇泼在炭火上面，检验人员从上面跨过，身上沾带的污秽气味就自然去除掉了。检验时，要多准备些葱、椒、盐、白梅，预防尸身上有看不大清楚的，用来贴敷显现。还要带一个瓦盆和槌子，捣研上面提到的物品。

凡是初验、复验，必须要专心一意，不可躲避脏臭，切不可叫检验人员用他物遮盖阴茎、产门等类部位，这样就会误事。还要仔细验看头发里面、肛门、产门里面，恐怕有铁钉或其他东西钉塞进去。

检验出了致命要害的部位，才可押来本案双方当事人和见证人、死者亲属，让他们站在远处看尸体，决不能允许他们走到尸体跟前，以防损害尸体。

受伤部位的伤痕要仔细量出长与宽、深与浅、大与小的尺寸，确定致死的原因。

检验人员被收买，往往事先将茜草放在醋里，把它涂在有伤痕的地方，伤痕就看不出来。对此，可以用甘草涂抹化解掉醋的作用，伤痕便可看出来。

原典

人身本赤黑色，死后变动作青肬色，其痕未见。有可疑处，先将水洒湿，后将葱白拍碎令开，涂痕处，以醋蘸纸盖上，候一时久除去，以水洗，其痕即见。

若尸上有数处青黑，将水滴放青黑处，是痕则硬，水住不流；不是痕处软，滴水便流去[①]。

验尸并骨伤损处，痕迹未见，用糟醋泼罨尸首；于露天，以新油绢或明油雨伞覆欲见处，迎日隔伞看，痕即见[②]。若阴雨，以热炭隔照，此良法也。或更隐而难见，以白梅[③]捣烂，摊在欲见处，再拥罨看。犹未全见，再以白梅取肉，加葱、椒、盐、糟一处研，拍作饼子，火上煨令极热，烙损处，下先用纸衬之，即见其损[④]。

注释

① 滴水试验，这个检验损伤的方法不科学。滴水流走与不流走，视滴的部位高低，高出周围，水则往低处流；低于周围，水当然不流走。还有物体表面的张力影响，以硬与不硬判断有无伤痕，也不科学，皮肤肌肉受伤可因出血、收缩、发炎或尸体皮肤皮革样变等而变硬，也可伤而不硬。

② 古代的雨伞用纸制成，并经桐油油过，多为红、褐、淡黄或桐油本色，太阳照射，部分色光被吸收，透过的红外、紫外光线照射在体表上，可被利用于观察生前骨骼的伤痕，与现代用紫外线照射，检查骨骼生前伤的血浸现象相似，符合光学原理。

③ 白梅敷骨，也是用白梅的酸性使血红蛋白颜色加深，以呈现伤痕。

④ 用白梅的酸、酒糟的酒精制成成形物（饼），煨热烙伤处，增加分子扩散速度及浸润性，使瘀血处血红蛋白变性，颜色加深，皮肤透射性增加，从而使伤痕明显。

译文

人的身体本来是红黑色的，死后尸体腐败就变为青肬色，身上的伤痕就看不出来。如果有值得怀疑的地方，先用水把尸体洒湿，然后把葱白拍碎摊开，涂敷在怀疑有伤痕的部位，再用蘸上醋的纸盖在上面，等候一个时辰，将纸拿开，用水洗干净，那伤痕就能显现出来。

如果尸体上有几处皮肤呈青黑色，用水滴在青黑色的地方，若是伤痕，因为皮肉已变硬，水滴便能停住而不流去；若不是伤痕，这里的皮肉仍然柔软，水滴便会流去。

检验尸体涉及有骨头损伤的地方，若损伤痕迹外表上看不出，可用酒糟与醋浇泼尸体体表上，并且露天放置，用新油的绢绸或明亮的油雨伞遮在要验看伤痕的地方，迎着太阳光隔伞验看，伤痕就可以看到。如果碰上阴雨天，可用炭火隔伞照看，这是检验尸骨伤的好办法。用这样的方法还是难以看见骨头伤痕的话，那就把白梅捣烂，摊在需要验看骨头伤痕的体表部位，再用酒糟与醋贴敷验看。如果这样做仍然不能完全看清楚，就再取白梅肉，加上葱、椒、盐、糟等，拌在一道研细，做成饼子，放在火上烤烫，烙在有损伤的部位，下面衬纸，就能看到伤痕。

原典

昔有二人斗殴，俄顷，一人仆地气绝，见证分明。及验出尸乃无痕损，检官甚挠。时方寒，忽思得计。遂令掘一坑，深二尺余，依尸长短，以柴烧热得所，置尸坑内，以衣物覆之。良久，觉尸温，出尸。以酒醋泼纸贴，则致命痕伤遂出。

拥罨检讫。仵作、行人喝四缝尸首，谓：尸仰卧。自头喝：顶心、囟门[①]全，额全，两额角全，两太阳全，两眼、两眉、两耳、两腮、两肩并全，胸、心、脐、腹全，阴肾全（妇人云产门全，女人云阴门全），两髀、腰、膝、两臁肕[②]、两脚面、十指爪并全。

左手臂、肘、腕并指甲全，左肋并胁全，左腰胯及左腿脚并全。右亦如之。

翻转尸：脑后、乘枕全，两耳后、发际连项全，两背胛连脊全，两腰眼、两臀并谷道全，两腿、两后脉、两腿肚、两脚跟、两脚心并全。

注释

① 囟门：脑门。

② 臁肕：指健壮的小腿。

译文

从前有两个人斗殴，片刻之间，一人仆倒在地，断气身亡，在场的人看得清清楚楚。而检验结果，尸体全身并无伤痕。检验官感到非常奇怪。当时正值寒冷天气，他忽然想出一个办法，于是就吩咐吏役挖掘一个土坑，二尺多深，长短依照尸体，用柴火把土坑烧热，将尸体放置坑内，用衣物将尸体盖好。过了好一会儿，感觉尸体温热了，再抬出来，用浇泼过酒醋的纸敷贴在尸体上，致命伤痕于是就呈现出来了。

敷贴法检验完毕，检验人员要唱报尸体前后左右各应验部位的检验结果。程序是尸体仰卧，从头开始唱报：顶心、囟门完好，额完好，两额角完好，两太阳穴完好，两眼、两眉、两耳、两腮、两肩都完好，胸、心、脐、腹完好，阴茎、阴囊和睾丸完好，是已婚妇女就说产门完好，是未婚女子就说阴门完好。两股部、腰、膝、两小腿、两脚面十个脚趾和趾甲都完好。

左手臂、肘、腕和手指、指甲完好，左肋和胁完好，左腰、胯及左腿、脚都完好。右面也同样如此唱报。

翻转尸体：脑后、枕部完好，两耳后、发际连项完好，两肩胛连背脊完好，两腰眼、两臀瓣并肛门完好，两腿、两腿弯、两腿肚、两脚跟、两脚心都完好，都要一一唱报。

验尸的程序

古人验尸从正面的头部、心口、腹部、肚脐、阴部、大小腿、脚部到背面的后脑、枕部、颈部、肩胛、腰部、臀部、肛门、腿部，从左侧的脑角、太阳穴、耳、左脸、侧颈、肩膀、肘、腕、臂、手、五个手指到右侧等要逐一检验，并且介绍了几种显示伤痕的古代常用中草药，检验骨伤采用酒糟与醋洗身的红伞遮光的原理。现代法医验尸包括尸体表面检验与解剖检验，尸体表面检验先是测量身高、体重，根据外表的衣物、贵重物品、头发等确定一些信息，然后脱衣检验，观察全身的伤痕，借助X射线检查、脑CT等技术。解剖是对死者身体的内部检查，通过对胸腔、腹腔、生殖系统、脑部等进行解剖，有的需要摘除器官，进行生物化验。检验完毕，发现死因，法医会把一切复原。

九　妇人

原典

凡验妇人，不可羞避。

若是处女[①]，劄四至讫，舁出光明平稳处。先令坐婆剪去中指甲，用绵札。先勒死人母亲及血属并邻妇二三人同看，验是与不是处女。令坐婆以所剪甲指头入阴门内，有黯血出是，无即非。

若妇人有胎孕不明致死者，勒坐婆验腹内委实有无胎孕。如有孕，心下至肚脐以手拍之，坚如铁石，无即软[②]。

若无身孕，又无痕损，勒坐婆定验产门内，恐有他物。

有孕妇人被杀，或因产子不下身死，尸经埋地窖，至检时，却有死孩儿。推详其故，盖尸埋顿地窖，因地水火风[③]吹，死人尸首胀满，骨节缝开，故逐出腹内胎孕。孩子亦有脐带之类，皆在尸脚下。产门有血水、恶物流出。

若富人家女使，先量死处四至了，便扛出大路上，检验有无痕损，令众人见，以避嫌疑。

注释

① 处女：未发生过性交关系的女性。

② 这是拍摸腹部测硬度以判断胎孕与否之法。

③ 地水火风：古代印度有“地水火风”四大元素构成一切物质、具有坚湿暖动性能的说法，随佛教传入中国。这种说法在哲学史上有一定的意义，但并不科学。

译文

凡是检验女尸，检验官不可害羞回避。

如果是处女的尸体，要记下四面界物的距离，然后，把尸体抬到光亮平稳的地方。先叫接生婆剪去中指指甲，将剪去指甲的中指用棉絮包扎起来。并且要让死者的母亲、亲属以及两三个近邻妇女到现场一同验看。检验是否仍是处女，只要叫接生婆用剪过指甲的手指头插入阴道，有暗血出就是处女，否则就不是。

如果是死亡妇女，被称是已孕有胎儿而又不清楚致死原因的，要令接生婆检验肚子里面确实有无胎儿。如有胎儿，从心口下方至肚脐，用手拍打，会坚硬得像铁石一般，没有胎儿就是柔软的。

如果既无身孕又无伤痕，那就一定要命令接生婆检验阴户内，恐怕有异物塞在里面。

有身孕的妇女被杀死，或因生孩子生不下来而死亡，尸体已经埋在地窖里，到检验时，却发现有死亡的婴儿，一定要细细推究它的缘故。这是因为尸体埋放安顿在地窖里，由于地水火风吹着死人，尸体严重膨胀，骨节缝脱开，因此推挤出腹内的胎儿。生下的胎儿也有脐带之类，都在尸体的脚下。女尸的阴户有血水、脏物流出。

如果是富人家女佣的尸体，要先丈量死亡现场四周界物的距离，量完了，便把尸体扛到大路上，再检验有无伤痕。这样，让众人看见，以避嫌疑。

检验女尸

古人对女尸的检验分为女子与妇女，重点强调了处女与孕妇的检验，但是有些说法用现代法医理论解释不是十分科学。如：手指探入阴道有暗血者即为处女的说法。拍摸妇女腹部，查明子宫大小及其硬度，可以判断是否怀孕及月数，但此法有局限性。因为怀胎子宫大小与怀孕月数有关。怀孕一个月的子宫大小接近正常，两个月似普通鹅蛋黄，三个月似孕妇本人拳头大，四个月似一般刚出生婴儿头大，五个月似一般成人头大，六个月宫底到肚脐，九个月宫底最高，达到剑突（俗称心口）下方，十个月胎儿下降，宫底亦降低。六个月以上孕妇，脐上才能摸到子宫底，一般摸到胎头，感觉有一定硬度，但不是坚如铁石。怀孕三个月以内，腹部无明显隆膨，拍腹无软硬的区别。死后分娩，是尸体高度腐败，产生大量腐败气体，同时软组织分解，胎盘或胚胎与子宫附着性变差，在气体的挤压下，胎儿排出体外。置于地窖、埋葬或在其他场所的尸体，有上述情形的，都有可能发生死后分娩，并不是什么地水火风吹的结果。现代法医女尸检验早已超越古代技法，甄别更仔细，结果更精准。

附　小儿尸并胞胎

原典

有因争斗因而杀子谋人者，将子手足捉定，用脚跟于喉下踏死。只令仵作、行人以手按其喉，必塌①，可验真伪。

凡定当小儿骸骨，即云：十二、三岁小儿。若驳问："如何不定是男是女？"即解云："某当初只指定十二、三岁小儿，即不曾说是男是女，盖律称儿，不定作儿是男女也。"

堕胎者，准律未成形像杖一百；堕胎者，徒三年。律云："堕，谓打而落。"谓胎子落者，按《五藏神论》：怀胎一月如白露，二月如桃花；三月男女分；四月形像具；五月筋骨成；六月毛发生；七月动右手，是男于母左；八月动左手，是女于母右；九月三转身；十月满足②。

注释

① 喉由数块软骨和肌肉等组成腔室，为呼吸通道和发声器官。踏压喉部可致喉腔变形，变得狭闭，造成呼吸障碍，也可压迫颈部大血管，致使脑血循环障碍，二者均可致命。但喉部软骨（尤其小孩）弹性大，钝力挤压呈可逆性形变居多，喉塌陷或破裂变形较少，因此，不能仅检查小孩喉部有无塌陷，作为判断是否踏喉致死的依据。踏喉必塌陷的说法并不科学。

② 人类怀胎，计算上以最后一次月经的第一天至分娩，一般为280天，四十周，每月以四周计，共十个月。

译文

有个人因为与人争斗，因而杀死自己的儿子，企图诬陷对方。他把自己儿子的手脚捉住，用脚跟踏在儿子的喉部使孩子死亡。这样的案子只要让检验人员用手按摸死孩的喉部，必然发现塌陷，当即可以验出真假了。

凡是检验儿童骸骨，唱报时就说是"十二三岁儿童"。如果上级驳问："为什么不验定是男是女？"就解释说："我当初只认定是十二三岁的儿童，不曾说是男是女，因为法律条文只规定称儿童，没有规定儿童要分出男女。"

对于堕胎的人，按刑律规定：堕下的胎儿尚未成形的判处一百杖刑；已经成形的，判三年徒刑。刑律规定："所谓堕胎，是指经过打胎后堕落。"是指胎儿从母体脱落，才构成堕胎罪。按《五藏神论》说："怀胎一个月，胎儿像露水，两个月像桃花一朵，三个月的胎儿才分男女，四个月的胎儿才具有人形，五个月的胎儿筋骨长成，六个月的胎儿毛发生出，七个月的胎儿会动右手，如果是男，胎位偏母体左腹，八个月的胎儿能功左手，如果是女，胎位偏母体右腹，九个月的胎儿要三次转身，十个月的胎儿就足月临盆。”

原典

若验得未成形像，只验所堕胎作血肉一片或一块。若经日坏烂，多化为水。若所堕胎已成形像者，谓头脑、口、眼、耳、鼻、手、脚、指甲等全者，亦有脐带之类。令收生婆定验月数，定成人形或未成形，责状在案。

堕胎儿在母腹内被惊后死，胎下者，衣胞紫黑色，血荫软弱；生下腹外死者，其尸淡红赤，无紫黑色，及胞衣①白。

注释

①胞衣：盛装胎儿、羊水的薄膜状囊腔，由羊膜、绒毛膜、蜕膜组成，分娩开始时破裂流出羊水（破水），胎儿娩出后，随胎盘一起娩出。活产与死产的胞衣颜色有区别，本书所说有根据。

译文

如果检验的是未成人形的胎胞，只要检验所堕下的胎胞是一片血肉还是一块就行了。如果过上一天就坏烂，大多化成血水。如果称堕下的胎胞已经长成人形，是指头脑、口、眼、耳、鼻、手、脚、指甲等都长齐全，也有脐带之类。还要叫接生婆验定有几个月、鉴定已成人形还是未成人形，责成写出鉴定书附在案卷里。

所堕胎儿如果是在母亲腹内受惊后死亡，成死胎后才堕下的，胞衣呈紫黑色，血荫模糊不清；生下后在母腹外死亡的，胎儿的尸体为淡红色，不是紫黑色，而胞衣呈白色。

十月怀胎的古今描述

古人描述：怀胎一月如白露；二月如桃花；三月男女分；四月形像具；五月筋骨成；六月毛发生；七月动右手；八月动左手；九月三转身；十月筋骨满足。这个观点基本与现代观点相差不大，但是根据左右动来判定胎儿性别的说法是不科学的。

现在科学认知：怀孕一个月的时候叫胚胎期，其受精卵叫胚芽或者胚胎。怀孕两个月的时候，当两个月要结束的时候，手和脚已经成形，眼睛、耳朵、鼻尖和舌头等也已经成形了。怀孕三个月的时候，胎儿可以看到手指甲，并且有清晰的手指和脚趾。

四个月的时候胎儿的皮肤非常薄，并且是透明的，可以看到皮下的血管。四肢的关节已经形成，骨骼进一步发育。五个月的时候，如果怀男孩的肚子可能是圆圆的，就像篮球，怀女孩的肚子有点像西瓜。六个月的时候胎儿身子大概有19厘米长，重约350克。这个时候胎儿的皮肤是皱皱的。怀孕七个月的时候胎儿的身子已经有36厘米了，体重有900~1300克，这个时候胎儿的内耳和大脑已经完全接通，对声音的分辨能力提高很多，对声音也很敏感。怀孕八个月的时候胎儿身长在42~46厘米之间，体重在2~2.7千克之间，胎儿不断长大，骨骼发育更加强健。怀孕九个月的时候，胎儿大脑已经非常发达，对于外部刺激，不仅身体会有反应，面部也会有反应。怀孕十个月就步入了怀孕的最后阶段，胎儿在子宫内的发育也基本上都已成熟。

十　四时变动

原典

春三月，尸经两、三日，口、鼻、肚皮、两胁、胸前肉色微青；经十日，则鼻、耳内有恶汁流出，胖（匹缝合，胀臭也）胀；肥人如此，久患瘦劣人，半月后方有此证。

夏三月，尸经一、两日，先从面上、肚皮、两胁、胸前肉色变动；经三日，口鼻内汁流、蛆出，遍身胖胀，口唇翻，皮肤脱烂，疱胗起；经四、五日，发落[①]。

暑月罨尸，损处浮皮多白，不损处却青黑，不见的实痕。设若避臭秽，据见在检过，往往误事。稍或疑处，浮皮须令剥去，如有伤损，底下血荫分明。

更有暑月九窍内未有蛆虫，却于太阳穴、发际内、两胁、腹内先有蛆出，必此处有损。

秋三月，尸经二、三日，亦先从面上、肚皮、两胁、胸前肉色变动；经四、五日，口鼻内汁流，蛆[②]出，遍身胖胀，口唇翻，疱胗起；经六、七日，发落。

注释

①发落：尸体腐败，组织分解，毛囊腐败，毛发脱落。其脱落时间视腐败速度而定。夏季水中浮尸，死后两三天头发即可脱落。

②蛆：蝇卵孵化的幼虫。人死后一至二小时，蝇就能在尸体外露孔道及创口产卵，盛夏半日、春秋一日就变成蛆，夏天经四五日成蛹。书中蛆出时间的说法，从现在的气候看偏长了。用苍蝇生活史判断死后经过时间，要考虑多种因素，如气候、地域、蝇类、尸体状况等。

译文

春季的三个月里，尸体经过两三天后，口、鼻、肚皮、两胁、胸前等处的皮肤就微显青绿色；经过十天，鼻孔、耳孔内就有血水流出来，尸体肿胀发臭。肥胖的尸体是这样，久病瘦弱的尸体需经半个月后才有这种征象。

夏季的三个月里，尸体经过一两天后，脸面、肚皮、两胁、胸前等处的皮肤颜色先发生变化。经过三天，口、鼻内有血水流出，蛆虫爬动，全身肿胀发臭，嘴唇向外翻张，皮肤脱烂，出现水泡。经过四五天，头发脱落。

在暑热月份里洗敷的尸体，损伤部位的表皮大多发白，没有损伤的地方却是青黑色，看不出哪里是确实的伤痕。假如检验官怕脏怕臭而回避，只根据所看到的表象验过完事，往往会误事。对稍有可疑的地方，必须要叫检验人员剥去浮皮，如有伤痕，浮皮下面便有明显的血荫。

再有，暑热月份里的尸体，眼、耳、鼻、口和肛门、阴部等九窍内如没有蛆虫，却在太阳穴、发际内、两胁、腹内等处先有蛆虫爬出，必定是这些地方有损伤。

秋季的三个月里，尸体经过两三天，也是脸面、肚皮、两胁、胸前等处的皮肤颜色先发生变化。经过四五天，口鼻内有臭水外流，蛆虫爬出，尸身肿胀发臭，口唇翻张，出现水泡。经过六七天，毛发脱落。

原典

冬三月，尸经四、五日，身体肉色黄紧，微变；经半月以后，先从面上、口、鼻、两胁、胸前变动。

或安在湿地，用荐席裹角埋瘗着，其尸卒难变动。更详月头、月尾，按春秋节气定之。

盛热，尸首经一日，即皮肉变动，作青黯色，有气息；经三、四日，皮肉渐坏、尸胀、蛆出、口鼻汁流、头发渐落。

盛寒五日，如盛热一日时；半月，如盛热三、四日时。

春秋气候平和，两、三日可比夏一日；八、九日可比夏三、四日。

然人有肥瘦、老少。肥少者易坏，瘦老者难坏[①]。

又南北气候不同，山内寒暄不常，更在临时通变审察。

注释

① 这种说法很科学。因腐败是腐败细菌所致，而腐败菌繁殖需一定的温度、湿度、空气。瘦尸及老年尸，主要因组织密度大，水分少，不利于细菌快速大量繁殖，同时这种尸体自溶也较慢。

译文

冬季的三个月里，尸体经过四五天后，全身皮肤收紧，颜色发黄，只有很小变化。经过半个月以后，先从脸面、口、鼻、两胁、胸前等处开始腐烂。

有的尸体安置在潮湿的地方，并用草席包裹埋置，这种尸体一时

就难以腐烂。还要仔细搞清楚季节的月头、月尾情况，按照春秋节气的变化来确定死亡时间。

在大热天，尸体只要经过一天，皮内就会发生变化，变为青黑色，有臭味。经过三四天，皮肉逐渐腐烂，尸体肿胀，蛆虫爬出，口鼻流臭水，头发逐渐脱落。

在大冷天，尸体经过五天，才相当于经过大热天一天的变化，经过半个月相当于经过大热天三四天的变化。

春秋季节气候温和，尸体经过两三天的变化如同夏天一天的变化，八九天的变化如同夏天三四天的变化。

但是人有肥瘦老少的区别，肥胖、年轻的尸体容易腐烂，体瘦、年老的尸体难以腐烂。

还有南方、北方气候不同，山区冷暖无常，这就要求检验官员在检验时灵活运用，全面考察，从而确定死亡时间。

验尸的四季变化

古代人由于受科学技术发展水平的限制，在当时的条件下只能过多关注尸体表性特征，即在春夏秋冬不同季节里的变化。如指出四季不同气温对尸变的影响，春秋气候和平，两三日可比夏一日，盛寒五日如盛热一日，即有一比二、三比五的关系，以及肥胖、瘦弱的尸体变化有不同进程等。对腐败绿斑、腐败水气泡、腐败巨人观等，也有准确而形象的描述。这些认识均是在对尸体进行了长期的观察、研究之后才得出的，十分难得，这在古代法医学史上是独一无二的。现代法医鉴定随着检验手段的提高，检验人员不再过多关注表面现象，现在尸检人员已经清楚地知道，人死亡后，在自然环境里的尸体，发生一系列物理的、化学的、细菌性的、非细菌性的变化，所呈现的征象称尸变征象。以此可以科学解释皮肤青黑色（污暗红色）是因血红蛋白变性，形成硫化血红蛋白、硫化铁的结果。皮肤出现水泡是因腐败，表皮与真皮联系瓦解，腐败气体窜入，表皮鼓起，腐败液体积聚，形成污暗红色的水气泡。浮皮是表皮被气体鼓起后未充积液体而形成皱褶样。口鼻流出血水是因腐败严重，血液浸润扩散到体腔，脏器空腔，组织液化，空腔脏器内有多量污暗红色液体，在腐败气体驱压下顺着自然孔道涌流出，出现所有自然孔道口均有污暗红色、恶臭的血水并冒气泡的现象。

现代法医运用现代生物技术，使用高倍显微镜及 DNA 技术，对尸体检验不再受四时变化的严格制约。

但是根据四时的季节可以申明一点，人体要依靠天地之气提供的物质条件而获得生存，同时还要适应四时阴阳的变化规律，才能发育成长。正如著名的明代大医学家张景岳所说："春应肝而养生，夏应心而养长，长夏应脾而养化，秋应肺而养收，冬应肾而养藏。"说明人体五脏的生理活动，必须适应四时阴阳的变化，才能与外界环境保持协调平衡。

十一 洗罨

原典

宜多备糟、醋。衬尸纸惟有藤连纸、白抄纸可用；若竹纸，见盐、醋多烂，恐侵损尸体[①]。

舁尸于平稳、光明地上，先检验一遍，用水冲洗。次挼皂角洗涤尸垢腻，又以水冲荡洁净（洗时下用门扇、簟席衬，不惹尘土）。洗了，如法用糟、醋拥罨尸首，仍以死人衣物尽盖，用煮醋淋，又以荐席罨一时久。候尸体透软，即去盖物，以水冲去糟、醋，方验。不得信行人说，只将酒、醋泼过，痕损不出。

初春与冬月，宜热煮醋及炒糟令热。仲春与残秋宜微热。夏秋之内，糟、醋微热，以天气炎热，恐伤皮肉。秋将深，则用热，尸左右手、肋相去三、四尺，加火熁，以气候差凉。冬雪寒凛，尸首僵冻，糟、醋虽极热，被衣重叠拥罨，亦不得尸体透软。当掘坑，长阔于尸，深三尺，取炭及木柴遍铺坑内，以火烧令通红。多以醋沃之，气勃勃然，方连拥罨法物衬簟，舁尸置于坑内，仍用衣被覆盖，再用热醋淋遍。坑两边相去二、三尺，复以火烘。

注释

① 藤连纸、白抄纸、竹纸：纸的名称。

译文

洗敷尸体，应当多准备酒糟与醋。衬尸纸只有藤连纸、白抄纸可以用，如用竹纸，遇到盐、醋就都要烂掉，恐怕会损坏尸体。

把尸体抬放到平稳、亮堂的地上，洗涤之前，先对死尸检验一遍，然后才用水冲洗；其次擦皂角洗涤尸体上的污垢油腻，用水冲洗干净。洗涤时，在尸身下用门板、竹席等衬垫，使尸体不沾上尘土。洗完后，按规定的方法用酒糟、醋拥敷尸首，仍用死者的衣服把尸体全部盖严实，将煮热的醋浇淋，再用草席紧盖一个时辰。等到尸体全变软了，就拿掉盖在上面的东西，用水冲掉酒糟与醋，才开始检验。不能听信检验工作人员的话，只用酒与醋浇泼完事，这样，伤痕不会显现出来。

初春与冬月，应当用煮热的醋和炒过的酒糟使尸体变热。仲春与冬末，适宜用微热的醋、酒糟。夏天、初秋，酒糟与醋稍热即可，因为天气炎热，过热的酒糟与醋恐怕会损伤皮肉。将至深秋，就要用较热的酒糟与醋了，并且在距离尸体的左右手、胁肋三四尺的地方，加火烘烤，这是因为气候较冷的缘故。冬天雪地，寒风凛冽，尸体冻僵，即使使用的酒糟、醋极热，用被子衣服重重叠叠裹上，拥敷也无法使尸体软透。那就应当挖掘一个土坑，坑比尸体略长略阔些，深三尺，将木炭及木柴遍铺在坑内，

点火燃烧直至土坑通红。然后多用醋浇泼，在坑内热气腾腾，这才将敷裹尸身的物件、衬尸的竹席与尸体一起放置在坑内。仍旧用衣服被子覆盖，再用热醋全身淋遍，在坑两侧距离两三尺远的地方，烧火烘烤。

尸检时注意习俗差异

古代验尸时由于死后人体僵硬，为了便于检验，一般用热敷，用酒、醋洗。热的作用能使尸体僵硬（死后肌肉僵硬、关节固定的现象）缓解，利于检验。热还能加快分子活动，促进化学变化。醋、酒能使表皮膨胀，透射性增加，皮下出血酸化变性，颜色加深，从而使有皮下出血的伤痕更加明显。现在尸检基本上不用这么复杂了，科学技术让尸检越来越便捷。但是古文中提到了一个重要思想，即“掌管刑狱的地方官员应该懂得各地风俗”的重要思想。今天在办案中，对这一点尤加重视，特别是在少数民族地区，有的民族对遗体是很膜拜的。今天在少数民族地区办案的人员首先要了解民族风俗，然后再针对具体情况实施检查工作。

十二　验未埋瘗尸首

原典

未埋尸首，或在屋内地上，或床上，或屋前后露天地上，或在山岭、溪涧、草木上，并先打量顿尸所在四至、高低，所离某处若干。在溪涧之内，上去山脚或岸几许？系何人地上？地名甚处？若屋内，系在何处？及上下有无物色盖簟？讫，方可搽尸出验[①]。

先剥脱在身衣服，或妇人首饰，自头上至鞋袜逐一抄劄，或者随身行李，亦具名件。讫，且以温水洗尸一遍了，验。未要便用酒醋。

注释

①这种现场勘验尸体的做法，相当现代的静勘，即用视、听、嗅感觉器官对现场原始情况表象的认识，不动现场东西。现代的静勘辅于照相、录像，把现场原始状况固定。

译文

没有埋葬的尸首，有的在屋内的地上，有的在床上，有的在房屋前后的露天地上，有的在山岭上、溪涧旁、草木丛里。检验时，都要先观察尸体倒卧的地方至四周界物的距离、地势的高低，约略估计距离某处对照物远近多少等。

如果尸体倒在溪涧之内，溪涧上至山脚或崖岸高低有多少，位于什么人的土地上，地名叫什么。如果尸体在屋内，则是位于什么地区，以及尸体的上面、下面有没有东西盖垫。待一切都观察好了，才可以抬尸出来检验。

检验时，先要剥掉尸身上的衣服，或妇女首饰，从头上到鞋袜，一件一件地记录登记；或者是随身行李，也要开列有名称、件数的清单。这项工作完毕后，就用温水冲洗尸体一遍，洗好了就检验，不要马上就用酒醋敷。

原典

剥烂衣服，洗了，先看其尸有无军号①，或额角、面脸上所刺大小字体，计几行或几字？是何军人。若系配隶②人，所配隶何州。军字亦须计行数。如经刺环③，或方或圆，或在手背、项上，亦计几个；内是刺字或环子，曾艾灸④或用药取，痕迹黯淁，及成疤瘢，可取竹削一篦子，于灸处挞之，可见。

辨验色目人讫，即看死人身上甚处有雕青⑤、有灸瘢，系新旧疮疤，有无脓血，计共几个，及新旧官杖疮疤，或背或臀；并新旧荆杖子痕，或腿或脚底；甚处有旧疮疖瘢，甚处是见患，须量见分寸；及何处有黯记之类，尽行声说。如无，亦开写。

打量尸首，身长若干，发长⑥若干，年颜若干。

注释

①军号：军队番号。宋代，为防止强征来的士兵逃跑，在他们的脸上或手背上刺上军队番号。

②配隶：即配军、配役。犯人被充军发配边远地方的军队中管制服役。

③刺环：宋代沿袭前代的黥刑，对罪犯视罪行程度、情节在特定部位刺字或环，用墨涂之，永不能去掉，使之终生受辱，并防范他们逃跑。所刺的环有方有圆，有刺在脸上、耳后，有刺在手背、颈项，以此区别罪犯罪行程度的不同。

④艾灸：艾为菊科多年生草本植物，茎、叶含芳香油，可做杀虫、杀菌剂，叶入药。还可制成艾绒，用于熏灸治病。刺字，一般用醋加墨，把墨色针刺入真皮，形成色素沉积。艾熏表皮焦赤，使刺字模糊，把焦赤表皮刮除，刺字明显。

⑤雕青：即文身。在身上刺上花纹并涂上青颜色，这种风俗在宋代极为盛行。

⑥发长：量头发长度。本段内容与现代法医学的个人识别相似。检验尸体上各种能供辨认的特征，为查明尸体身份提供资料。

译文

剥完衣服洗好尸体，先要看尸身上有没有刺军号，额角、脸面上所刺字的大小、字体，共有几行或者有几个字，是什么军的军人。如果是配隶人，配隶的是哪个州。所刺军号字也要计看行数。如有刺环，要看是方的还是圆的，是刺在手背上还是在项部，也要计看有几个。刺字或环曾经用艾叶熏灸过或用药涂过的，痕迹暗淡不清以及变成疤瘢的，可取竹子削成一片竹篦子，在熏灸过的地方刮打，原来刺的字或环就可以看出来了。

要验看死人身上什么地方有雕青、灸瘢；是新疮痕还是旧伤疤，有没有流脓出血，共计是几个，以及有没有新旧官杖疮疤，是在背上还是在臀部；还要看是不是有荆条棍打的新旧伤痕，是在大腿上还是在脚底上；什么部位有旧的疮疖瘢，哪些部位是现在正患着的疮疖，必须量出尺寸；以及什么部位有暗记之类，全都要报说清楚。如果没有，也要分别写清楚。

还要估量尸首身长多少，发长多少，年龄多少。

死者个人身份的确认

尸检过程中不但要对死者的伤处进行检验，还要对死者的个人身份进行验证，古代法医注重尸体的长度、重量、头发、牙齿等，用以推知死者身份的生物资料。现在尸检有时也采用直接辨认的方法，辨认依据主要为年龄、性别、身高、头发、营养发育、面貌、肤色、衣着服饰、个人随身物品，以及其他明显的个人生理、病理特征如体毛、胎记、手术瘢痕、假牙、妊娠、疾病、先天畸形、残疾状态等。随着现代法医技术在血痕、精斑、唾液斑和组织检验中的应用，物证鉴定的个人识别概率有了大幅度的提高，DNA 技术的使用，使个人身份的识别更精准。

十三　验坟内及屋下攒殡尸

原典

先验坟系何人地上，地名甚处。土堆一个，量高及长阔，并各计若干尺寸，及尸见殨殡[①]在何人屋下，亦如前量之。

次看尸头脚所向，谓如头东脚西之类；头离某处若干，脚离某处若干。左右亦如之。对众爬开浮土，或取去殨砖，看其尸用何物盛簟[②]，谓：棺木有无漆饰？席有无沿缘及簟之类？舁出开拆，取尸于光明处地上验之。

注释

① 攒殡：停柩或先殡，以待正式迁葬。

② 簟：竹席。

译文

对于已埋葬在坟内的尸体，先要验看坟堆是在什么人的土地上，叫什么地名。坟堆一个，要丈量出它的高度、长度、阔度，各为多少尺寸。对于停柩待葬的尸体要验看尸体停放在什么人的房屋下，也像前面一样进行丈量。

其次，要验看尸体头脚的朝向，比如说头朝东脚朝西之类。尸体头距离某处（对照物）远近多少，脚距离某处（对照物）远近多少。左边、右边也像这样丈量。要当众扒开浮土，或者拆掉安放棺材的砖块，验看尸体是用什么东西盛殓。如是棺木，要看有无油漆雕饰？如是席子，要看有没有边饰及粗衬席之类？然后抬出开棺拆席，取出尸体抬到明亮的土地上检验。

开坟验尸

开坟验尸讲究次序，开坟“先验坟系何人地上？地名甚处？土堆一个，量高及长阔，并各计若干尺寸”“次看尸头脚所向”“看其尸用何物盛簟”，最后“舁出开拆，取尸于光明处地上验之”。程序井然，细节无漏。现在开坟验尸前，最主要的就是做通死者家属的工作，并以书面形式与死者家属签订协议，将开棺验尸的情理和风险提前说清楚。因为在开棺验尸的案例中有大约3‰的可能性是检不出结果的，检查不出结果家属会难以接受，所以说存在一定的风险。现在开棺验尸同样需要有人见证，需要对墓穴周边环境进行考察，还要对棺木的材质进行分析，因为有一些重金属毒物，在时间长了以后就会渗透到棺木中。此外需要从尸体的不同部位提取牙齿、毛发、骨头、指甲等稳定性较高的部件进行分析验证。

十四　验坏烂尸

原典

若避臭秽，不亲临，往往误事。

尸首变动，臭不可近，当烧苍术、皂角辟之；用麻油涂鼻，或作纸摅子油塞两鼻孔；仍以生姜小块置口内[①]。遇检，切用猛闭口，恐秽气冲人。

量劄四至讫，用水冲去蛆虫、秽污，皮肉干净方可验。未须用糟、醋，频令新汲水浇尸首四面。

尸首坏烂，被打或刃伤处痕损，皮肉作赤色，深重作青黑色，贴骨不坏[②]，虫不能食。

注释

① 含姜是古代验尸除臭方法。麻油塞鼻，取其香避尸臭；嘴含姜，取其味避尸臭。

②贴骨不坏：贴骨的组织除骨膜外还有韧带等，密度大，腐烂较慢，蛆也较难破坏，并不是不腐烂不破坏。

译文

对于腐烂了的尸体，检验官如果躲避脏臭，不亲自到尸场检验，往往要误事。

尸体腐烂了，臭得使人不敢近前，对付的办法，通常是烧苍术、皂角辟除臭气。用麻油涂在鼻端，或者做纸捻子沾麻油塞住两个鼻孔，再含一小块生姜在嘴里。开始检验时，一定要紧紧闭住嘴，以防秽气冲入。

丈量记录好尸体与四周界物的距离，用水冲洗掉尸身上的蛆虫、脏物臭水，洗干净皮肉后，才可检验。检验时，不需要酒糟与醋，只要叫人不断打来新鲜水，浇洒在尸体的四周。

尸体腐烂了，生前被打或被刀刃所伤的痕迹看不清楚，伤口浅、伤势轻的部位皮肤肌肉为红色，伤口深、伤势重的为青黑色，紧贴骨头的地方不腐烂，蛆虫也无法蚀食。

腐烂尸体的检验

古人在对腐烂尸体的检验的过程中，首先，要克服难以接受的味道。古人在当时的科技条件下，发现了苍术、生姜、麻油，皂角的妙用，这是纯天然的以物克物。但是古人“贴骨不坏”的观点并不十分符合现代生物理论，因为贴骨的组织除骨膜外还有韧带等，密度大，腐烂较慢，蛆也较难破坏，并不是不腐烂、不破坏。现代法医对腐烂尸体的检验可以说更为精细，首先是对尸体现场的检查。其次，对尸体身源进行识别，在这个过程中更多地使用的是现代科技手段，比如指纹鉴定、血型鉴定、DNA分析等。最后，尸体检验更注重死前伤和死后伤的局部鉴定。第四，对死亡时间的鉴定更精准，根据尸斑、眼角膜变化、尸体的肿胀程度、木乃伊或蜡尸形成分别确定时间，还可以根据死者胃内食物的消化情况确定死亡时间。

十五　无凭检验

原典

凡检验无凭之尸①，宜说：头发褪落，曲鬓、头面、遍身皮肉并皆一概青黑，皶皮坏烂，及被蛆虫咂破，骨殖显露去处。

如皮肉消化，宜说：骸骨显露，上下皮肉并皆一概消化；只有些小消化不及筋肉与骨殖相连。今来委是无凭检覆本人生前沿身上下有无伤损它故，及定夺年颜、形状、致死因依不得②。兼用手揣捏得沿身上下，并无骨损去处。

注释

① 相对而言，尸体高度腐败，检验条件差，仅剩白骨后当然无法检验软组织的形态了。现代法医学检验技术全面，对白骨及腐烂物质亦可做检验。

② 在古代，尸体仅剩白骨，对年龄、面貌都不能确定。现代法医学检验，一般可以确定骨骼年龄、性别、身高，若头面骨全，还可以恢复其面貌，还可检测 DNA 确定身份。

译文

凡是检验“无从检验”的尸体，应该报说：尸体头发褪落，鬓角、脸面及全身皮肉都全部变为青黑色，皮肤突起腐烂，并且被蛆虫蚀食破损，连骨头都显露出来。

如果皮肉烂尽，应该报说：尸体骸骨显露，全身上下皮肉都全部烂尽，只有很少没烂完的韧带与骨骸相连。现在确实无法检验或复验。死者本人生前周身上下有无伤痕和其他征象以及年岁、相貌、致死原因等都不能确定了，并且已经用手揣捏过尸体周身上下，也没有发现有骨头损伤的地方。

只剩尸骨的检验

尸体高度腐败，仅剩白骨后当然无法检验软组织的形态了。在骨头没有伤损的情况下，死者本人生前周身上下有无伤痕和其他征象以及年岁、相貌、检验外表条件不存在，致死原因等都不能确定了，这就是古人的所谓无凭检验。古人的检验条件可以理解，古人对这种案子采取翔实记录的方法，并且无法破案。现代这种案子就简单得多了。可以从尸骨、毛发找血型，可以根据压周软组织提取 DNA 进行鉴定，利用 PCR 技术进行性别鉴定，还可以根据颅骨的面貌进行复原，等等。这就是人类的进步，也是法医鉴定技术的进步。

十六　白僵死瘁死

原典

先铺炭火，约与死人长阔，上铺薄布，可与炭等，以水喷微湿，卧尸于上。仍以布覆盖头面、肢体讫，再用炭火铺拥令遍。再以布覆之，复用水遍洒。一时久，其尸皮肉必软起。

乃揭所铺布与炭看，若皮肉软起，方可以热醋洗之，于验损处，以葱、椒、盐同白梅和糟研烂，拍作饼子，火内煨令热，先于尸上用纸搭了，次以糟饼罨之，其痕损必见[①]。

注释

① 热饼敷，古代验伤方法。使用这些物质有使皮肤变软、透射性增加、血红蛋白变性的作用。

译文

检验白僵尸、瘁尸时，先在地上铺一层热炭灰，其长度、宽度大约与死者躯体长、宽差不多，炭灰上面铺薄布，长宽与所铺炭灰相等，用水喷至微湿，将尸体仰卧放在上面。用布覆盖好它的头面、肢体。然后，用热炭灰铺盖在尸体上面。要全部铺盖到，再用布覆盖在炭灰上，又用水全部洒遍。过一个时辰之久，尸体的皮肉必定柔软起来。

再揭开所铺的薄布与炭灰察看，如果皮肉变软了，才可用热醋擦洗尸体。对于需要检验的、怀疑有伤痕的部位，用葱、胡椒、盐同白梅和酒糟拌在一起研烂，做成饼子，放在火上烤热，先用纸在尸体上衬垫好了，接着用糟饼敷烫，伤痕就一定会显现出来。

白僵尸伤痕的鉴别

僵尸经久不烂会变成红、黑、白三种干尸，白僵尸是僵尸的一种。瘁死则是一种因病干瘪了的僵尸。古代对僵尸验伤采用的是热敷法，用炭火加热，用葱、胡椒、白梅和酒糟做成饼子放在炭火上一起加热，显现伤痕。利用今天的科学知识解释就是通过温度的上升改变尸体的柔韧性，从而增强透视性和改变血红蛋白的变性。至于将葱、姜、白梅和酒糟做成饼子，就是一种生物的化学反应。古人运用的就是现代司法经常运用的观察法和简单的化学反应方法。现代对伤痕的鉴别除了观察以外，还有组织显微镜观察法，还可以用生物学、化学和免疫学等方法进行检测，方法更科学，结论更准确。但是古人所使用原料，今天大都不用了，即使用也是医用酒精之类，浓度更高，效果更明显。

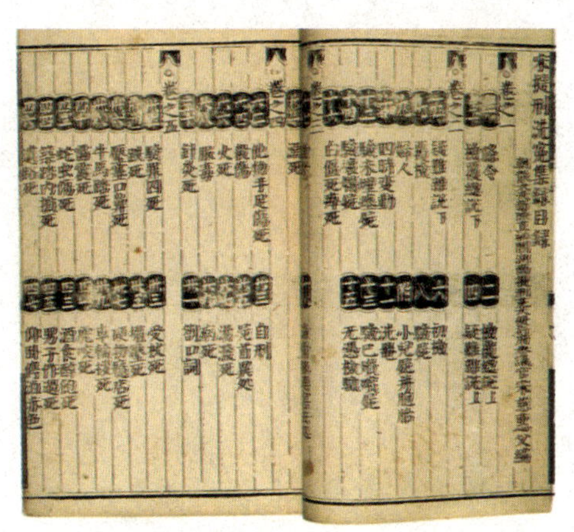

古版《洗冤录集》

卷之三

十七　验骨

原典

人有三百六十五节，按一年三百六十五日。

男子骨白，妇人骨黑[①]。（妇人生骨出血如河水，故骨黑。如服毒药骨黑，须仔细详定）

髑髅骨[②]：男子自顶及耳并脑后共八片（蔡州人有九片）。脑后横一缝[③]，当正直下至发际别有一直缝。妇人只六片，脑后横一缝，当正直下无缝。

牙有二十四，或二十八，或三十二，或三十六[④]。

胸前骨[⑤]三条。

心骨[⑥]一片，嫩，如钱大。

项与脊骨[⑦]各十二节。

自项至腰共二十四椎骨，上有一大椎骨[⑧]。

肩井及左右饭匙骨[⑨]各一片。

注释

① 男人骨头色白，女人骨头色黑。

② 髑髅骨：即脑颅骨，指围成颅腔的硬骨。前上额骨、前下中筛骨、上为左右顶骨、两侧为颞骨、底有蝶骨、后为枕骨，共八块。

③ 脑后横一缝：脑颅骨接合缝。有额顶骨缝（冠状缝）、顶骨缝（矢状缝）、颞顶接合缝（颞缝）、枕顶缝（人字缝、枕颞缝），还有蝶缝等。

④ 牙齿分乳齿及恒齿。恒齿出齐为三十二颗，即门牙八颗、尖牙四颗、前臼八颗、后臼十二颗，上、下、左、右最后一只后臼齿又叫智齿，萌出迟，有的终身不萌出。

⑤ 胸前骨：指胸骨，在胸前正中，上为胸骨柄，中为胸骨体，下为剑突。幼年时间这三段骨由软骨连接，成人后均骨化成一体。所以有三根的说法不妥。

⑥ 心骨：古代有鸠尾骨、龟子骨、蔽心骨之称，指胸骨剑突，上接胸骨体，为短条状，下端较尖，位于上腹中线处。

⑦ 项与脊骨：颈项骨即颈椎。人的脊椎骨分颈椎七节，上接颅骨下连胸椎，胸椎十二节，每节与两根肋骨连接，腰椎五节，骶椎五节（融合成一块骶骨），尾椎四节（融合成一块尾骨）。个别先天性畸形例外。脊椎上端一节即颈椎的寰椎。

⑧ 大椎骨：从颈至腰共二十四节椎骨说法正确，但上端没有一块大椎骨。第一颈椎叫寰椎，是二十四节椎骨中最薄的一节。第一胸椎处有一穴位叫大椎，该骨不叫大椎骨。

⑨ 饭匙骨：肩胛骨的俗称，左右各一块。肩井骨指锁骨，在胸前最上部，呈s形，左右各一。内接胸骨柄成胸锁关节。外接肩胛骨的肩峰，成肩锁关节，该处有一穴位叫肩井。

译文

人体有三百六十五节骨头，应合一年有三百六十五天的数目。

男人骨头颜色白，妇女骨头颜色黑。妇女生前行经出血如河水般流去，所以骨头颜色黑，像被毒药毒死的人的骨头色黑一样，这一点必须仔细检验鉴定。

脑颅骨：男人从头顶至耳部以及脑后共有八片，蔡州人有九片。脑后横着一条缝，在横缝正中一直往下到发际另有一条直缝。妇女的头骨只有六片，脑后横着一条缝，在横缝正中一直往下没有缝。

人的牙齿一般有二十四颗，有的人有二十八颗，有的人有三十二颗，有的人有三十六颗。

胸前骨有三根。

心骨一片，脆嫩，如铜钱一般大。

颈项与脊柱骨各有十二节。

从颈部到腰部共有二十四节脊椎骨，上端有一节大椎骨。

肩部以及左右饭匙骨各有一片。

原典

左右肋骨[①]：男子各十二条，八条长、四条短。妇人各十四条。

男女腰间各有一骨，大如手掌，有八孔[②]，作四行。手、脚骨各二段。男子左、右手腕及左、右臁肕骨边皆有捭骨[③]。（妇人无）两脚膝头各有顴骨[④]，隐在其间，如大指大。手掌、脚板各五缝，手、脚大拇指并脚第五指各二节，余十四指并三节[⑤]。

尾蛆骨[⑥]，男子者其缀脊处凹，两边皆有尖瓣，如棱角，周布九窍。若猪腰子，仰在骨节下。

妇人者，其缀脊处平直，周布六窍。

大、小便处各一窍。

骸骨各用麻、草小索或细篾串讫，各以纸签标号某骨，检验时不至差误。

注释

① 肋骨：弯形长扁骨，左右各十二根，后接胸椎。前端第一至九根肋接胸骨；第十至十二根肋游离，称季肋。

② 八孔：从其部位判断是骶骨，椎骨中最宽大，呈扁形，由五节融合成一块，两侧各有四个神经孔。骶骨部已不属腰，为臀部。骶骨、尾骨、髋骨构成盆骨。

③ 捭骨：从其部位上看是指上肢前臂外侧（拇指侧）的桡骨。

④ 顩骨：从书中内容看不似指膝部的髌骨（膝盖骨）。人类没有这块硬骨，个别人在某个部位长了子骨。正常人膝关节中只有半月形软骨板，称半月板。垫在股胫二骨关节面之间，增加缓冲作用。

⑤ 手、脚骨各二段，男子左、右手腕及左、右骨边皆有捭骨：（妇女没有）。两腿的膝头各有顿骨一块，隐藏在膝盖中间，如大拇指一样大。手掌、脚板各有五缝（即五指）。手、脚的大拇指及脚的第五趾（即小脚趾）各有两节，其余十四指都是三节。

⑥ 尾蛆骨：即尾骨。四节融合成一块，上接骶骨，两侧有横突，下端尖细，游离。

译文

左右肋骨：男人各有十二根，八根长，四根短；妇女各有十四根。

男女腰间各有一块骨头，如手掌般大，上面有八个孔，分作四行，形状像蚓。手脚骨各有两段，男人的左、右手腕以及左、右胫骨都有捭骨，妇女没有。两腿的膝盖头各有顩骨一块，隐藏在膝盖中间，如大拇指一样大。手掌脚板各有五缝。手、脚的大拇指及脚的第五趾各有两小节，其余十四指都是三节。

尾蛆骨，形状像猪腰子，仰接在脊椎骨的下面。男子的尾蛆骨与脊椎骨连接处呈凹形，两边有尖瓣，像菱角，四周分布几个孔洞。

妇女的尾蛆骨与脊椎骨的连接处平直，四周分布六个孔洞。

尿道、肛门各有一个洞。

骸骨应各用麻、草小绳或细竹篾一串串地穿好，各用纸签编号并标明名称，这样检验时才不至于发生误差。

检验尸骨的理论

古代对尸体骨头的分类可谓详尽，对头骨、手足骨、胸腔骨以及牙齿等进行了具体的论述，大部分是正确的，并指出生前形成的骨损伤与死后形成的骨损伤的区别，提出了至今仍有价值的“骨荫”说。随着科学技术的发展，现在知道骨荫是骨质生前受伤的明证。当活人骨骼受伤时，会造成骨出血，血液渗入骨组织，形成暗红色晕斑，即骨荫。根据现代生物学与解剖学，对古人关于尸骨的某些观点给以纠正：

古人说人骨有 365 块与今天的 206 块不相符合；同年龄段的男女骨骼颜色无区别，一般呈淡黄色或灰白色，妇女骨头为黑色的说法是错误的；至于中毒死的骨骼颜色，除慢性铅中毒者骨骼颜色加深可呈灰黑色外，其余常见毒物中毒，骨骼颜色也无特殊改变；脑颅骨各民族男女都一样，蔡州人九片、妇女六片的说法是错误的；枕顶缝、横缝下男的有直缝，而女的没有，此说法不符合常情；枕骨是一块，一般没有直缝；颈项骨即颈椎各有 12 节的说法有误；妇女肋骨与男子一样，妇女左右各有 14 根的说法是错误的；下肢下腿胫骨外侧的腓骨男女均一样，“妇女没有”的说法不符合实际；认为小趾骨只有两节，不符合实际；男女尾骨均没有孔；从骨骼结构检验角度看，大、小便处没有另外出口，“大、小便处各一窍”的说法不对。

古人某些观点特别是男人骨白、女人骨黑是不科学的。今天通过形态学检验、组织学检查、生物学检查等，完全可以分辨出是人骨还是兽骨、是男人骨还是女人骨、是一人骨头还是多人骨头等。

十八　论骨脉要害去处

原典

夫人两手指甲相连者小节，小节之后中节，中节之后者本节，本节之后肢骨之前生掌骨，掌骨上生掌肉，掌肉后可屈曲者腕。腕左起高骨者手外踝，右起高骨者手内踝，二踝相连生者臂骨，辅臂骨者髀骨①，三骨相继者肘骨②，前可屈曲者曲肘。曲肘上生者臑骨③，臑骨上生者肩髃④，肩髃前者横髃骨⑤，横髃骨之前者髀骨⑥，髀骨之中陷者缺盆，缺盆之上者颈。颈之前者颡喉⑦，颡喉之上者结喉，结喉之上者颏，颏两傍者曲颔⑧，曲颔两傍者颐，颐两旁者颊车⑨，颊车上者耳，耳上者曲鬓，曲鬓上行者顶。顶前者囟门，囟门之下者发际，发际正下者额，

注释

① 这里说的臂骨似指尺骨，髀骨似指桡骨，用字有误，髀者，股也，指大腿。尺骨、桡骨并排，其作用不分主次。尺骨上端粗，有似鹰嘴的钩，与肱骨构成肘关节，桡骨上端细，参与构成肘关节，下段粗。手腕骨性凸起明显的为尺骨茎突，均在内侧（尺侧）。

② 肘骨：按其部位看，指肘关节，此处除尺骨、桡骨、肱骨构成肘关节外，别无他骨。

③ 臑骨：臑指前肢，肩以下谓臂，臂以下称臑。这里指上臂的肱骨。

④ 肩髃：髃同腢，指肩部。

⑤ 横髃骨：从部位上看似肩胛骨。

⑥ 髀骨：按其部位上看似指锁骨，连接肩胛骨与胸骨，是胸部与颈部的分界。其上方凹陷，称锁骨上凹，即本书所说的缺盆。

额下者眉，眉际之末者太阳穴。太阳穴前者目，目两旁者两小眦，两小眦上者上睑，下者下睑，正位能瞻视者目瞳子。瞳近鼻者两大眦。近两大眦者鼻山根，鼻山根上印堂⑩，印堂上者脑角⑪，脑角下者承枕骨。脊骨下横生者髋骨，髋骨两旁者钗骨⑫，钗骨下中者腰门骨。钗骨上连生者腿骨，腿骨下可屈曲者曲脷，曲脷上生者膝盖骨。膝盖骨下生者胫骨，胫骨旁生者骱骨。骱骨下左起高硕者两足外踝，右起高大者两足右踝⑬。胫骨前垂者两足跂骨，跂骨前者足本节⑭，本节前者小节，小节相连者足指甲，指甲后生者足前趺，趺后凹陷者足心，下生者足掌骨，掌骨后生者踵肉，踵肉后者脚跟也。

⑦ 颡喉：颡指额，这里似指甲状软骨下方的环状软骨处。结喉即喉结，甲状软骨前面凸出部分。

⑧ 曲颔：颔和颐均指下巴，颏是下巴中部尖突部分，本书将下巴从中往外分成颏、颔、颐。现代解剖学已不分这样细了。

⑨ 颊车：针灸穴名，位于下颌角的前上方。这里指咬关节。

⑩ 印堂：即眉间，鼻根部上方二眉弓中间。

⑪ 脑角：指左右顶骨外上方凸起的顶结节。

⑫ 钗骨：指髂骨，与耻骨、坐骨接合成髋骨，髋骨与骶骨、尾骨组成骨盆。髂骨最大，臀部两侧可摸到的是髂骨的一部分。

⑬ “踝”指胫腓骨与跗骨构成的踝关节。其内侧凸出的胫骨粗隆称内踝，其后侧称后踝，外侧凸出的腓骨粗隆称外踝。左右足均是如此。外踝、右踝说法有误。

⑭ 足本节：足的跖骨，每足五根，相当于手的掌骨。

译文

人体全身的骨骼，从两手说起，与指甲相连的是手指小节，小节之后是中节，中节之后是本节，本节之后、手肢骨的前面生着掌骨，掌骨上面生着掌肉，掌肉后面能弯曲的是手腕，手腕左侧骨头高起的是手外髁，右侧骨头高起的是手内髁，与两髁相连着的是臂骨，辅助臂骨的是髀骨，与臂骨、髀骨相连接的是肘骨，肘骨前面能弯曲的是曲肘，曲肘上生着的是臑骨，臑骨上生着的是肩髃，肩髃前面的是横髃骨，横髃骨前面的是髀骨，髀骨当中陷下的是缺盆，缺盆上面的是头颈，头颈前面的是颡喉，颡喉上面的是结喉，结喉上面的是颏，颏两旁的是曲颔，曲颔两旁的是颐，颐两旁的是颊车，颊车上面的是耳朵，耳朵上面的是鬓角，鬓角再上去是头顶。头顶前面的是囟门，囟门下面的是发际，发际正下方是额头，额头下面是眉毛，眉毛末端是太阳穴，太阳穴前面是眼睛，眼睛两边是眼眦，两眦上面是上眼睑，下面是下眼睑，正中能远观、近看的是瞳孔。眼球靠近鼻子的是两内眼眦，靠近两内眼眦的是鼻根，鼻根上面是印堂，印堂上面是脑角，脑角下面是枕骨。脊椎骨下面横着生的是髋骨，髋骨两旁是钗骨，钗骨下面当中的是骶骨。在钗骨上连生的是股骨，股骨下面能弯曲的是腘窝，腘窝前侧的是膝盖骨，膝盖骨下面是胫骨，胫骨旁是腓骨，腓骨下面左侧高起而大的是两足的外踝，右侧高起而大的是两足的右踝。胫骨前面垂下的是两足的跗骨，跗骨前面是足的趾本节，趾本节前面的是趾小节，与趾小节相连的是足趾甲，足趾甲后面生的是脚背，脚背下面凹陷的是脚底心，下面生的是足掌骨，足掌骨后面是踵肉，踵肉后面的叫脚跟。

原典

检滴骨亲法，谓如：某甲是父或母，有骸骨在，某乙来认亲生男或女，何以验之？试令某乙就身刺一两点血，滴骸骨上，是亲生则血沁入骨内，否则不入。俗云“滴骨亲[①]”，盖谓此也。

检骨须是晴明。先以水净洗骨，用麻穿定形骸次第，以簟子盛定。却锄开地窖一穴，长五尺、阔三尺、深二尺。多以柴炭烧煅，以藁地红为度。除去火，却以好酒二升，酸醋五升泼地窖内。乘热气扛骨入穴内，以荐遮定，蒸骨一两时。候地冷，取去荐，扛出骨殖，向平明处，将红油伞遮尸骨验。

若骨上有被打处，即有红色路，微荫；骨断处其接续两头各有血晕色；再以有痕骨照日看，红活，乃是生前被打分明。骨上若无血荫[②]，纵有损折，乃死后痕。切不可以酒醋煮骨，恐有不便处。此项须是晴明方可，阴雨则难见也。如阴雨，不得已则用煮法。以瓮一口，如锅煮物，以炭火煮醋，多入盐、白梅，同骨煎。须着亲临监视，候千百滚取出，水洗，向日照，其痕即见[③]。血皆浸骨损处，赤色、青黑色，仍仔细验有无破裂。

注释

① 滴骨亲：古代的亲子鉴定方法，不科学。但其是现代血清免疫检验、血型检验的萌芽。

② 血荫：损伤处流出血管外的血液浸润周围组织，血红蛋白分解物质滞留在组织间隙，或被活着的细胞吞噬，使损伤部位（尤其骨骼断端）能较长时间存在着血红蛋白，成分含铁血黄素、橙色血结晶等，称血瘸，对判断生前伤有帮助。用紫外线照射，血荫呈荧光反应。古代用红油伞遮日验骨折处血瘸，此是创造性的物理检测法，与现代紫外线灯照射法同理。

③ 向日照，其痕即见：即日照验骨。骨骼洗干净后对着阳光观察，利用透射原理，若有血液浸入骨松质或骨髓腔，则可能见血晕或较深的颜色。如果骨头上有被打伤的地方，就有红色纹路、淡淡的血荫，骨头断损的地方，其接续的两头都有血晕色，再将有血晕痕迹的骨头照着阳光验看，如果红润，就分明是生前被打的。骨上如没有血荫，纵然有损伤折断，也是死后的伤痕。切忌用酒醋煮骨，恐怕有不妥之处。

译文

滴骨验亲检验法，说的是如下情况：甲某是父亲或母亲，只有骸骨还在，乙某前来自认是死者的亲生儿子或亲生女儿，用什么方法来鉴定是与不是呢？可以乙某在身上刺一两点血，滴在骸骨上，如果是亲生的，则血沁入骨内，否则就不能渗入。俗话说“滴骨亲”，大概指的就是这种情形。

检验骸骨必须是在晴朗的天气。先用水把尸骨洗干净，用麻线按人身骨骼结构的形状依次穿连好，用席子盛放好。然后开掘一穴地窖，长五尺，阔三尺，深二尺。窖中多用木柴炭火烧煅，以将地烧红为适度。除灭明火后，再用好酒二升、酸醋五升浇泼在地窖内，乘热气扛尸骨放入穴内，用草席遮盖好，这样蒸骨一两个时辰。等到坑内地皮冷却了，拿去草席，扛出尸骨，向着明亮的方向，拿红油伞遮罩尸骨检验。

倘若骨头有断伤，就会出现红色，稍稍发暗；骨断处两头都有血色；再日照受伤的骨头，呈鲜红色，就是生前被打的原因。如骨头没有血色，即使骨头有损，也是死后损伤的结果。一定不能用酒醋煮骨，这样做不妥当。这种验骨方法必须是在晴朗的天气才可以进行，阴雨天就难以看出了。如是迫不得已要在阴雨天检验，就采用煮的方法。用坛子一个，像在锅中煮东西一样，用炭火烧煮坛子中的醋，再多放些盐、白梅，同骨头一道煎煮。验官必须亲临现场监视。等煮千百滚后，取出尸骨，用水洗净，对着太阳照看，有伤痕就可看到。血都浸渗在骨骼损伤处，呈现红色、青黑色，还要仔细验看有无破裂。

原典

煮骨不得见锡[①]，用则骨多黯。若有人作弊，将药物置锅内，其骨有伤处反白不见[②]。（解法见《验尸》门）

若骨或经三两次洗罨，其色白与无损同，何以辨之？当将合验损处骨以油灌之。其骨大者有缝，小者有窍，候油溢出则揩令干。向明照，损处油到即停住不行，明亮处则无损[③]。

注释

①煮骨不得见锡：尸骨含硫化氢，遇锡产生化学反应，硫与锡化合成硫化锡，呈淡黑色，使尸骨色暗，不利于检验生前骨损。

② 煮骨时投入某些药物或染料，使骨头变色，影响检验。如用茜草能使骨头红染。另外，如骨折端原有血瘸，投入某些药物煮后，血色退去，影响检验。

③灌油验骨伤，利用油质浸润增加透光性的原理，骨有损伤，油可浸入，透光好些，以此区别骨有无损伤。此方法不科学。油浸入死

一法，浓磨好墨涂骨上，候干，即洗去墨。若有损处，则墨必浸入；不损，则墨不浸[④]。

又法，用新绵于骨上拂拭，遇损处，必牵惹绵丝起。折者，其色在骨断处两头[⑤]。又看折处，其骨芒刺向里或外。殴打折者，芒刺在里，在外者非[⑥]。

后伤口，透光同样加强，同时油亦可浸润骨松质、骨小孔。

④ 此为涂墨法，墨色浸入骨裂缝，使伤痕明显。此法现代还用。只能检查骨裂，不能区分生前伤与死后伤。

⑤ “折者，其色在骨断处两头”：此句与上下文不衔接，存疑。

⑥ 骨折端边缘比较粗糙，能挂棉絮等轻丝，骨折口的小骨片（刺）可以在里面也可以在外面，以小骨片方向判断是否被殴是十分困难的。

译文

煮骨不要用锡器，如用了锡器骨头就会变成淡黑色。如有人作假，将药物投入锅内，那骨头有伤的地方反而变白看不出。

如果有的骨头经过两三次洗涤，有损伤的部位颜色发白变得与没有损伤的地方一样，用什么方法来辨别它呢？应将要验损伤处的骨头用油灌注，那些大骨头有缝，小骨头有孔，等油灌满溢出时就揩干，再面对亮光照看，有损伤的地方油流到了就停住不动，呈现阴影，明亮的地方就没有损伤。

另一种方法：将墨磨浓涂在骨头上，等到墨汁干了，再洗掉骨表墨汁，如有损伤，那墨就必然渗透进去；没有损伤，墨就渗透不进去。

又一种方法：用新棉絮在骨头上揩擦，遇到损伤的地方，必然会把棉絮牵扯起来。骨头折断的，其色在骨断的两头。再看骨折的地方，那骨头的芒刺是向里还是向外，被殴打骨折的，芒刺在里边，在外边的就不是。

原典

仔细看骨上有青晕或紫黑晕：长是他物，圆是拳，大是头撞，小是脚尖。[①]

四缝骸骨内一处有损折，系致命所在或非要害，即令仵作行人指定喝起。

拥罨检讫，仵作、行人喝四缝骸骨，谓：尸仰卧，自髑髅喝：顶心至囟门骨、鼻梁骨、颏颔骨并口骨并全；两眼眶、两额角、两太阳、两耳、两腮颊骨并全；两肩井[②]、两臆骨全；胸前龟子骨、心坎骨全。

左臂、腕、手及髀骨全；左肋骨全；左胯、左腿、左臁肕并髀骨及左脚踝骨、脚掌骨并全。

右亦如之。

翻转喝：脑后、乘枕骨、脊下至尾蛆骨并全。

凡验原被伤杀死人，经日，尸首坏，蛆虫咂食，只存骸骨者，原被伤痕血粘骨上，有干黑血为证。若无伤骨损，其骨上有破损，如头发露痕，又如瓦器龟裂沉淹损路为验。③

殴死者，受伤处不至骨损，则肉紧贴在骨上，用水冲激亦不去；指甲蹙之方脱，肉贴处其痕损即可见。④

注释

① 指依据血晕形状判断致伤物体。血晕指伤处出血向周围扩散形成痕迹。血晕形状与致伤物体形状没有必然联系，不能以血晕形状判断致伤物体。

② 肩井：本系针灸穴位名，位于肩峰与第七颈椎之间。这里指肩部。

③ 如果骨膜损伤出血或紧贴骨膜软组织出血，凝血块可以粘在骨面或骨膜表面，除此之外，就不会有血粘骨了。被伤致死者腐烂后，有干黑血迹作为证据，这种说法缺乏依据。非损伤性骨头破坏，应指病理性骨损，至于有头发样纹路，现代法医学、医学无此说法。

④ 生前伤出血凝固，擦洗不掉，骨表面的软组织出血刮剔去除后，骨质无损伤的话还是看不到伤痕的，但可能有血晕。

译文

要仔细验看骨头上呈青晕或紫黑晕的形状：长伤是其他凶器的伤，圆形是拳伤，大圆形是头撞的，小圆形是脚尖踢的。

人体的所有骸骨中，只要一个地方有骨折损伤，不论是致命伤或不是致命伤，都要责令检验人员指定唱报出来。

以上检验完毕，检验人员要唱报全身前后左右骸骨的情况，就是说：尸仰卧，自头颅骨起唱报，顶心至囟门骨、鼻梁骨、颏颔骨以至口腔部都完好；两眼眶、两额角、两太阳穴、两耳、两腮颊骨都完好；两肩井、两臆骨都完好；胸前龟子骨、心坎骨完好。

左臂、腕、手及髀骨完好；左肋骨完好；左胯、左腿、左胫骨和髀骨及左脚踝骨、脚掌骨都完好。

右侧也像这样唱报。

翻转身唱报：脑后、枕骨、脊下至尾蛆骨都完好。

凡是检验以前被伤致死的人，经过的时间久了，尸首腐烂，蛆虫蚀食，只存骸骨的，原来受伤的地方，血粘在骨头上，有干黑血迹作为证据。如果无伤而骨损，那骨上的破损，就有像头发般细的痕迹，又像瓦器龟裂，有沉隐不显的损伤纹路为验证。

被殴打死的，如果致命伤处的骨头没有损伤，此处的肉便紧贴在骨上，用水冲洗也不能去掉，用指甲刮剔才会脱落，在剔脱肉的地方，就可看到伤痕。

原典

验骨讫。自髑髅、肩井臆骨，并臂、腕、手骨，及胯骨、腰腿骨、臁肕、膝盖并髀骨，并标号左右。其肋骨共二十四茎，左右各十二茎。分左右：系左第一、左第二，右第一、右第二之类，茎茎根据资次题讫。内脊骨二十四节，亦自上题：一、二、三、四，连尾蛆骨处号之；并胸前龟子骨、心坎骨亦号之，庶易于检凑。两肩、两胯、两腕皆有盖骨①，寻常不系在骨之数，经打伤损，方入众骨系数，不若拘收在数为良也。先用纸数重包定，次用油单纸三、四重裹了，用索子交眼扎系作三、四处。封头，印押讫。用桶一只盛之，上以板盖，掘坑埋瘗，作堆标记，仍用灰印。

行在有一种毒草，名曰贱草。②煎作膏子售人，若以染骨，其色必变黑黯，粗可乱真。然被打若在生前，打处自有晕痕；如无晕而骨不损，即不可指以为痕。切须仔细辨别真伪。

注释

①盖骨：膝部有膝盖骨（髌骨），其余关节处没有属硬骨的盖骨，可能指关节面的纤维软骨层。

②行在：天子所处的地方。此指临安（今杭州市）。贱草：植物名。学名及形状，未详。

译文

检验骸骨结束，应依头颅骨、肩井臆骨，到臂、腕、手骨，以及胯骨、腰腿骨、胫骨、膝盖和髀骨的顺序标明左右、次第。肋骨共二十四根，左右各十二根。分别左右，就是：左第一、左第二，右第一、右第二之类。要按排列次序标写好。脊椎骨二十四节，也要自上而下按一、二、三、四的排列次序，一直到尾蛆骨部位都标明编号；胸前龟子骨、心坎骨也要标明，以便检点和拼凑完整骨架。两肩、两胯、两腕都有盖骨，一般不计在全身标记的骨头数目之内，只有被打损伤时，才计入众骨数目之内，这样还不如把它计算在全身骨头数目之内为好。标号完毕，先用纸把全部标明的骨头包上几层，再用油单纸包上三四层，包好后，用绳子交叉缚扎三四道，用封头印封盖好，用一只桶把它装在里面，桶上面用板盖上，挖坑掩埋，做成坟堆，标上识记，仍要盖上石灰印。

临安有一种毒草，名叫贱草，有人把它熬成膏子出售。如用该膏子染骨，骨头的颜色必然变为乌黑，粗看能使人误认为真伤。然而被打如在生前，打伤处自有晕痕，如果没有晕痕而骨头又没损伤，就不可认定为伤痕，务必仔细辨别真伪。

滴骨验亲有局限

滴骨验亲检验法，意思是：甲某是父亲或母亲，只有骸骨还在，乙某前来自认是死者的亲生儿子或亲生女儿，用什么方法来鉴定是与不是呢？可以让乙某在身上刺一两滴血，滴在骸骨上，如果是亲生的，则血沁入骨内，否则就不能渗入。这就是电视剧中经常出现的滴血认亲，类似于今天的血清检查，在当时的条件下，有一定的道理，但检测结果不一定正确，有这种发明应用在当时难能可贵。

现代法医理论研究证实：骨骼无论保存在露天地上，还是埋藏在泥土中，经过较长时间，一般情况下软组织都会经过腐败完全溶解消失，毛发、指（趾）甲脱落，最后仅剩下白骨化骨骼。白骨化了的骨骼，表层常腐蚀发酥，滴注任何人的血液都会浸入。而如果骨骼未干枯，结构完整，表面还存有软组织时，滴注任何人的血液都不会发生浸入的现象。对于活体，如果将几个人的血液滴注入同一器皿，不久就会凝合为一，不必是骨肉至亲。

现在可以通过 DNA 鉴定进行认亲，其原理是：DNA 是人体遗传的基本载体，人类的染色体是由 DNA 构成的，每个人体细胞有 23 对（46 条）成对的染色体，分别来自父亲和母亲。夫妻之间各自提供的 23 条染色体，在受精后相互配对，构成了 23 对（46 条）孩子的染色体。如此循环往复构成生命的延续。

人们发现可以用白血细胞的抗原来进行亲子鉴定，准确性可达 80%。再结合血型检验，能达到较高的准确程度。

通过对血型的检验比对来确认亲子关系，人们认识到人类的血型是按照遗传基因传给下一代，故一定血型的父母所生子女也具有相应的血型。

在法医学上，随着研究而发展起来的检测技术——DNA 检验，作为最前沿的刑事生物技术，能直接认定犯罪，为凶杀案、强奸杀人案、碎尸案、强奸致孕案等重大疑难案件的侦破提供准确可靠的依据。

十九　自缢

原典

自缢身死者，两眼合、唇口黑、皮开露齿。若勒喉上，即口闭、牙关紧、舌抵齿不出。（又云齿微咬舌）若勒喉下，则口开，舌尖出齿门二分至三分[①]。面带紫赤色[②]，口吻、两角及胸前有吐涎沫，两手须握大拇指，两脚

注释

①绳索压喉结上嘴闭合、压喉结下嘴张开的说法不全面。绳索压迫颈部，下颌受挤压者，一般嘴闭合，下颌受牵引者可出现嘴张开现象。其压迫位置喉上、喉下都可能有口开、口闭的。缢绳在喉结下的

尖直垂下。腿上有血荫，如火灸斑痕，及肚下至小腹并坠下青黑色[③]。大小便自出[④]，大肠头或有一两点血。喉下痕紫赤色或黑淤色，直至左、右耳后发际，横长九寸以上至一尺以来。脚虚则喉下勒深，实则浅。人肥则勒深，瘦则浅；用细紧麻绳、草索，在高处自缢悬头顿身致死，则痕迹深；若用全幅勒帛及白练项帕等物，又在低处，则痕迹浅。低处自缢，身多卧于下，或侧或覆。侧卧，其痕斜起横喉下；覆卧，其痕正起在喉下，起于耳边，多不至脑后发际下[⑤]。

自缢处须高八尺以上，两脚悬虚，所踏物须倍高，如悬虚处。或在床、椅、火炉、船仓内，但高二、三尺以来，亦可自缢而死。

舌头伸出的说法有科学根据。因其力斜向上推压舌根，使舌体前移，舌尖伸出齿外。

② 面带紫赤色：颈部受压，头面部静脉血回流受阻，动脉亦全受压的话，头面部郁血，又因血液缺氧，面色紫红或青灰。如果压迫颈部力量大，颈部动脉、静脉全被压闭，则面部颜色无甚改变或呈灰白色。

③ “腿上有血荫”指淤血。缢死者悬挂时间较长后，血液下坠，下腹部、两腿（尤其小腿）血管积血严重，皮肤呈现暗紫红色，甚至可有皮下出血小点。直肠亦可因此而有出血点。这一段描述很形象、确切，说明对缢死尸体的观察很认真。不过两手四指握着拇指的想象，不是缢死征象，人死后肌肉僵硬稍收缩，屈肌比伸肌强，故手一般均是半握拳状。

④ 大小便自出：窒息过程中，尿道、肛门括约肌松弛，直肠、膀胱等平滑肌收缩，致大小便流出。但其他原因致死者亦可出现此征象。

⑤ “痕”指缢颈之带状物压迫痕迹，不是勒颈的勒痕。压痕皮肤因尸体水分蒸发，出现皮革样变，大多是紫褐色或红褐色，若用较宽的软带（如丝织品）其压痕往往不是紫红色，呈红白相间或苍白色。

译文

自己上吊死亡的，尸首的两眼闭合，嘴唇发黑，并且张开露出牙齿。如果吊绳勒在喉结的上面，嘴巴紧闭，牙关咬紧，舌头抵着牙齿不伸出来，又一说是牙齿微微咬住舌头。如果吊绳勒在喉结的下面，嘴巴张开，舌尖伸出牙齿外面二分至三分。凡是上吊死亡的尸首，面带紫红色，嘴角及胸前有流出的口水，两手大拇指紧握，两足尖垂直向下，腿上有血荫，像火灸的斑痕，还有肚皮下面直至小腹因血下坠而呈青黑色，大、小便流出，直肠下有时有一两滴血。颈上勒痕呈紫红色或黑色淤血印，一直延伸到左、右耳后发际，

横长九寸以上至一尺有余。一说男子合一尺一寸，妇女合一尺。吊死者脚下虚空，颈项上的勒痕就深，脚下不虚空勒痕就浅。吊死者肥胖，勒痕就深，瘦小的就浅。用细而紧密的麻绳、草索在高处上吊，身体悬空吊在绳索上死的，勒痕就深；如果用全幅丝绸及白绢、领巾等宽而柔软的织物吊勒，又在较低的地方，勒痕就浅。在低的地方上吊，身体大多半躺在下面，或是侧卧，或是身体翻仆。侧身躺卧的，其勒痕倾斜着，横经喉下；翻仆着的，其勒痕平直，横经喉下，止在耳边，一般不会延伸到脑后的发际下面。

上吊的地方要高于八尺以上，两脚才能够虚悬，所踏的物体必须倍高于脚至地悬空的距离。有的在床、椅、火炉、船舱内上吊，只要高度超出两三尺以上，也能自缢而死。

原典

若经泥雨，须看死人赤脚或着鞋，其踏上处有无印下脚迹。

自缢有活套头、死套头、单系十字、缠绕系。须看死人踏甚物入头在绳套内，须垂得绳套宽入头方是。活套头、脚到地，并膝跪地，亦可死；死套头、脚到地，并膝跪地，亦可死。

单系十字，悬空方可死，脚尖稍到地亦不死[①]。

单系十字，是死人先自用绳带自系项上后，自以手系高处。须是先看上头系处尘土，及死人踏甚处物，自以手攀系得上向绳头着方是。上面系绳头处，或高、或大，手不能攀，及不能上，则是别人吊起。更看所系处物伸缩，须是头坠下去上头系处一尺以上，方是。若是头紧抵上头，定是别人吊起。

注释

①“十字”即十字结，“单系十字”即打单结。十字结或不打结（开放套）都可缢死，不论打什么结或不打结，身体不离地，只要部分体重下坠，就可压迫颈部，引起脑血循环、呼吸障碍而窒息致死，还可压迫神经反射性抑制致死。书中用缢套距悬挂点高低等判断自、他杀的说法不全面，而对各种身体姿势均可缢死的描述是很符合实际的。

译文

死者上吊前，如果走经泥水地面，要验看他是赤脚的还是穿着鞋的，上吊时所踩上踏脚的地方有没有印下脚迹。

上吊自杀的绳圈有用活套头、死套头、单系十字、缠绕系等打结形式。要验看上吊死者是踏在什么物体站上去并把头伸到绳套里的，绳套垂下的长度要宽裕到（死者站在垫物上）够得着把头套进去才有可能是自缢。使用活套头上吊的，脚虽够得着地面，但上吊者并拢双膝跪在地上，可以死亡；用死套头上吊的，脚虽够得着地面，但上吊者并拢双膝跪在地上，也可以死亡。

套头单系十字的，要全身悬空才能够吊死，只要脚尖能稍稍够着地面就不会死亡。

套头单系十字是上吊者自己先将绳带系在颈项上，再把绳子系挂到高处。这就要先验看上方系挂绳套处的尘土，以及上吊者是踩踏什么东西上去的，只有其用手够得着攀挂在上方的绳套，才有可能是自缢。上方系挂绳套的地方，或者太高，或者太大，上吊者自己的手攀够不着，以及自己不能踩踏上去，那就有可能是别人把死者（在生前或死后）吊上去的。还要验看所系吊处绳带的伸缩度，一定要套头坠下处距离上面系吊处一尺以上，才是自缢。如果是套头紧抵上面系吊处，一定是别人将他吊起来的。

原典

缠绕系，是死人先将绳带缠绕项上两遭，自踏高系在上面，垂身致死。或是先系绳带在梁栋，或树枝上，双襻垂下，踏高入头在襻内，更缠过一两遭。其痕成两路：上一路，缠过耳后，斜入发际；下一路，平绕项行。吏畏避驳难，必告检官，乞只申一痕，切不可信。若除了上一痕，不成自缢；若除下一痕，正是致命要害去处。或覆检官不肯相同书填格目，血属有词，再差官覆检出，为之奈何？须是据实，不可只作一条痕检。其相叠与分开处，作两截量尽取头了，更重将所系处绳带缠过，比并阔狭并同，任从复检，可无后患。

凡因患在床，仰卧将绳带等物自缢者，则其尸两眼合、两唇皮开，露齿咬舌，出一分至二分。肉色黄，形体瘦，两手拳握，臀后有粪出。左右手内多是把自缢物色至系紧，死后只在手内[①]。须量两手拳相去几寸以来。喉下痕迹紫赤，周遭长一尺余，结缔在喉下，前面分数较深。曾被解救，则其尸肚胀[②]，多口不咬舌，臀后无粪。

注释

①缢套压迫重心在项部的非典型缢死，两眼不一定闭合，嘴也不一定张开，舌尖更少外露。其面部及全身的征象与其他体位缢死并无特异性不同。此段说法有片面性。

②肚胀：缢死过程中曾被解救过的，肚皮发胀、肛门无粪便的说法不科学。缢而未死者，可因肠胃蠕动减少或麻痹而胀气，经救无效而死者，一般不会腹胀。缢颈窒息过程中大便均有可能外溢，被解救过的也不例外。

译文

缠绕系，是上吊者先用绳带缠绕颈项两圈，自己踏在物体上系吊在上方高处，身体垂吊致死。或者是先系绳带在梁栋或树的枝干上，绳套垂下来，上吊者登高把头套进绳套里，再在颈项上缠绕一两圈，然后垂吊致死。这样吊死的，勒痕有两道：上一道绕过耳后，斜入发际；下一道平绕颈项一周。吏役因怕麻烦而回避复杂情况，必定会禀告检验官，请求只申报一道勒痕。对此，务必不可听信。如果除去上一道勒痕，就不成为自缢，如果除去下一道勒痕，又正是致命要害所在。有时复验官不肯与初验一样填写验尸报告，死者亲属又有申诉，那时再派官复验出来，又怎么办呢？所以必须据实申报，不可以只作为一道索痕来检验。两道索痕相重叠及分开的地方，分作两截量，并在绳带原勒肉处起讫点做上标记，还要重新将所系在颈项上的绳带照原状缠绕一遍，比对宽窄长短完全相同。这样，任凭复检，可无后患。

凡是因患病在床，仰卧着用绳带等物吊颈死亡的人，他的尸体两眼闭合，嘴唇张开，露出牙齿咬住舌头，舌头伸出牙齿外一分至两分，皮肤色黄，形体瘦，两手握拳，肛门有粪便排出。左右两手多半是把自缢用的绳带握住直到勒紧以后，死后绳带仍在手中。检验时，要量出死者两手拳头相距几寸。这样死亡的尸体喉下勒痕为紫红色，周围长约一尺多，绳结在喉结以下的，前面索痕较深。曾被解救过的尸体，肚皮发胀，嘴部大多不会咬住舌头，肛门口也无粪便。

原典

若真自缢，开掘所缢脚下穴三尺以来，究得火炭，方是。①

或在屋下自缢，先看所缢处楣梁、枋桁之类尘土滚乱至多，方是。如只有一路无尘，不是自缢。②

先以杖子于所系绳索上轻轻敲③，如紧直，乃是；或宽慢，即是移尸。大凡移尸别处吊挂，旧痕挪动，便有两痕。

凡验自缢之尸，先要见得在甚地分、甚街巷，甚人家、何人见、本人自用甚物？于甚处搭过？或作十字死襻系定，或于项下作活襻套。却验所着衣新旧。打量身四至：东西南北至甚物？面觑甚处？背向甚处？其死人用甚物踏上？上量头悬去所吊处，相去若干尺寸？下量脚下至地，相去若干尺寸？或所缢处虽低，亦看头上悬挂索处，下至所离处，并量相去若干尺寸？对众解下，扛尸于露明处，方解脱自缢套绳，通量长若干尺寸；量围喉下套头绳围长若干？项下交围，量到耳后发际起处，阔狭、横斜、长短，然后根据法检验。

注释

① 火炭：即木炭，木头烧制的可燃物。尸体脚下挖地三尺有木炭才是自缢的说法是不对的。

② 缢绳悬挂处的尘灰摩擦一道或是多道，甚至紊乱，自缢可为，他杀亦可为，不能据此判断是自缢还是他缢。

③ 敲击悬挂缢绳，测试下坠力的程度。缢颈是身体重量下坠，拉紧悬挂固定的缢绳，因此从悬挂点至颈部的缢绳有牵引力，下坠力大，牵引力亦大。不论自缢还是伪装自缢，只要有一定的下坠力，悬挂的绳就是直的。

译文

如果真是上吊自杀死亡的，在尸体悬吊住的脚底下开挖一个三尺多深的坑，要找得到火炭才能确定。

有的人是在屋檐下上吊自杀，如果所吊处的梁、椽等物上尘土有多处挠动痕迹，才能确定是自缢死亡。如果只有一条绳痕且无乱尘，就不是自缢死亡。

检验是否是自缢，可先用拐杖在所系绳索上轻轻敲打，如果绳索紧直，则是；如果绳索宽松，就是移尸。一般移尸别处吊挂，旧痕挪动，便会有两道痕迹。

凡是检验上吊自杀的尸体，先要查清楚上吊的现场是在什么地方、是哪条街巷、什么样的人家、死者是什么人发现的、用什么物件上吊的、吊挂在什么地方？绳套是打成十字死结系定，还是在颈项下打活套套上。再验看死者穿的衣服是新的还是旧的，测量估算尸体与四周界物的距离，查看东西南北各有什么物体（为标志物）、死者面向什么地方、背朝向什么地方、垫脚踏的是什么物体、上方要测量悬吊着的死者头部距离所吊的地方有多少尺寸、下方要测量死者垂下的脚至地面的距离有多少尺寸。即使上吊的地方高度较低，也要验看头上悬挂绳索的地方，下至离开地面的地方，并量出相距的尺寸。要当着众人的面解下吊挂的绳索，把尸体扛到露天明亮的地方，才解开颈项上的套绳，量出绳索全长的尺寸，量出围在颈项上的套头绳围长尺寸，颈项上交围的，要量到耳后发际的地方，索痕的宽窄、横斜、长短都量好了，然后依法检验。

原典

凡验自缢人，先问原申人，其身死人是何色目人[①]？见时早晚？曾与不曾解下救应？申官时早晚？如有人识认，即问：自缢人年若干？作何经纪？

家内有甚人？却因何在此间自缢？若是奴仆，先问雇主讨契书辨验，仍看契书上有无亲戚？年多少？更看原吊挂踪迹去处。如曾解下救应，即问解下时有气脉无气脉？解下约多少时死？切须仔细。

大凡检验，未可便作自缢致命，未辨仔细。凡有此，只可作其人生前用绳索系咽喉下或上要害，致命身死，以防死人别有枉横②。且如有人睡着，被人将索勒死吊起所在，其检官如何见得是自缢致死？宜仔细也。

注释

①色目人：意为各色各目之人，是元朝时中亚、西亚、欧洲民族的统称，也是元朝人的四种位阶之一。

②枉横：无罪而遭受横祸。

译文

凡是检验上吊自杀的尸体，要先讯问原报案人死者是什么身份、发现死者上吊时间的早晚、有没有被人解下来抢救过、报官时间的早晚、如果有人认识死者，就要问清自缢人年岁多少、什么职业、家中有什么人、因为什么在这里上吊。如果是奴仆，先要向雇主讨取契约审查，查看契约上有没有写明他的亲戚、年岁等等。再验看原吊挂的位置、痕迹。如果曾经被解下来抢救过，就要问清楚解下时还有没有呼吸与脉搏、解下后大约经过多少时间死亡。这类讯问务必要仔细。

大凡检验（悬吊死亡的尸体），不可不经仔细辨验就轻易做出因自缢而致命的结论。凡是有这种情况的，只能定作这个人生前用绳索系在咽喉上或咽喉下的要害部位，致命身死，以防死者另有被谋害的冤情。再者说，如果有人睡时，被人用绳索勒死后吊起来的，检验官怎么能断定是自缢致死的呢？应该仔细啊！

原典

多有人家女使、人力或外人，于家中自缢，其人不晓法，避见臭秽及避检验，遂移尸出外吊挂。旧痕移动，致有两痕：旧痕紫赤，有血荫；移动痕只白色无血荫①。

移尸事理甚分明，要公行根究，开坐生前与死后痕。盖移尸不过杖罪，若漏落不具，覆检官不相照应，申作两痕，官司必反见疑，益重干连人之祸。

尸首日久坏烂，头吊在上，尸侧在地，肉溃见骨。但验所吊头，其绳若入槽（谓两耳连颔下深向骨本者）及验两手腕骨、头脑骨皆赤色者是②。（一云齿赤色③，及十指尖骨赤色者是）

注释

① 血荫：此处指皮下出血。生前缢颈，压痕上下缘皮下及深部软组织可有出血现象，死后缢压无此类反应。

② 如果缢死者面部郁血严重，两手血液坠积严重，可以出现骨内血管扩张淤血，甚至破裂出血，致骨呈紫红色，但较少见。

③ 齿赤色：指牙齿变为紫红色，现代法医学称为玫瑰齿。缢死者面部郁血，牙髓腔血管淤血或破裂出血所致。这是古代法医学的重要发现。

译文

常有一些人家的女佣人、长工或仆人在主人家里上吊自杀，那家主人不懂得法律，为了避免尸体脏臭和回避检验，随便移尸到屋外去吊挂着。原来的索痕移动了，致使颈项上有了两道索痕。原索痕呈紫红色，有血荫；移动后的索痕只呈白色，没有血荫。

移尸的征象很明显，要公开进行追查，把生前痕与死后痕分别写清楚。因为移尸不过是判杖罪，如果漏掉不写清楚，复验官不会相互讨论，申报为两道索痕，上级必然见疑，就会加重处置本案有关人员。

上吊的尸首（如未解下）日久腐烂，就会发生头吊在上面、尸身侧倒在地上的现象，肉溃烂得能看到骨头。对这种尸体，只要检验所吊着的头就可以。上吊的绳索如果嵌入沟槽，即指两耳连颔下深达骨头的沟槽，以及验看两手腕骨、头脑骨都呈现红色的就是自缢死的。一说牙齿呈红色及十指尖骨呈红色的是自缢死的。

上吊致死的原因分析

大家都知道自缢就是上吊，上吊而死的故事比比皆是，就是在今天想不开的人们也偶尔有之。但是最有名的上吊的故事是: 1644年（崇祯十七年）李自成攻入北京，4月25日崇祯皇帝在煤山自缢殉国。至于崇祯皇帝是怎么上吊的，我们现在无法得知，而大宋提邢官宋慈对自缢的形态和表象、如何检查自缢的现场、如何根据表象做现场分析，以及自缢姿势等都有详尽的描述。我们在佩服古人精明、精细的同时，对某些做法也必须给予一定的纠正，比如“若真自缢，开掘所缢脚下穴三尺以来，究得火炭，方是，”这种说法是不正确的，没有科学道理。

现代法医学已经就上吊致死的原因进行了很好的分析，多数情况是上吊的绳索勒住了主动脉，让脑、心脏供血、供氧不足导致死亡。也有例外的情况，绳索毁坏了颈椎，导致中枢神经破坏，这种情况只是极少数。

二十 被打勒死假作自缢

原典

自缢、被人勒杀或算杀假作自缢，甚易辨。真自缢者，用绳索、帛之类系缚处，交至左右耳后，深紫色。眼合、唇开、手握、齿露。缢在喉上，则舌抵齿；喉下，则舌多出。胸前有涎滴沫，臀后有粪出。若被人打勒杀，假作自缢，则口眼开、手散发慢。喉下血脉不行，痕迹浅淡。舌不出，亦不抵齿。项上肉有指爪痕，身上别有致命伤损去处。①

惟有生勒未死间，实时吊起，诈作自缢，此稍难辨。如迹状可疑，莫若检作勒杀，立限捉贼也。

凡被人隔物，或窗棂或林木之类勒死，伪作自缢，则绳不交。喉下痕多平过②，却极深，黑黯色，亦不起于耳后发际。

注释

①本段区分自缢与伪装自缢的说法大部分是不科学的。被勒死的也可有大小便失禁；不论什么原因致死，经过一至两个小时，尸体开始僵硬，手指就会屈曲呈半握拳状；自缢的索痕有的在两耳后交叉，有的在左（右）侧，有的在下颌；眼、嘴张闭，舌尖露缩，都不是自缢与伪装自缢的区别点。

②平过：指索沟呈水平状。这段叙述很确切。这种是把人勒死后伪装上吊。

译文

上吊自杀的，与被人勒死或谋害死后伪装自缢的情况，很容易辨别清楚。真是上吊自杀的尸体，用绳索、丝绸等绑扎的部位，索痕只交至左右耳后，呈深紫色，眼睛闭合，嘴唇张开，两手握拳，牙齿露出。绳索套在喉结以上的，舌尖抵齿；套在喉结以下的，舌头大多伸出。死者胸前有涎水滴沫，肛门有粪便排出。如果是被打死、勒死后伪装作上吊自杀的尸体，则嘴和眼睛张开，手掌伸展，头发散乱，喉颈上由于血液不流通，所以索痕浮浅而色淡，舌不伸出，也不抵齿，颈上皮肉有指爪抓过的痕迹，身上另外有致命的伤痕。

而被勒至半死时，立刻被吊起来，伪装作上吊自杀的尸体，就稍许难以辨别了。如果情况可疑，还不如验定为被勒致死，立时限令捉拿凶手更为稳妥。

凡是被人隔着坚硬的东西，或是窗棂，或是树木等勒死后，伪装作上吊自杀的尸体，绳索便不相交接，颈部索痕一般都平行而过，但非常深，呈暗黑色，也不起于耳后发际。

原典

绞勒喉下死者，结缔在死人项后。两手不垂下，纵垂下亦不直[1]。项后结交，却有背倚柱等处，或把衫襟皱着，即喉下有衣衫领黑迹，是要害处气闷身死。

凡检被勒身死人，将项下勒绳索，或者诸般带系，临时仔细声说，缠绕过遭数。多是于项后当正，或偏左、右系定，须有系不尽垂头处。其尸合面地卧，为被勒时争命，须是揉扑得头发或角子散慢，或沿身上有磕擦着痕。

凡被勒身死人，须看觑尸身四畔，有扎磨踪迹去处。

又有死后被人用绳索系扎手脚及项下等处，其人已死，气血不行，虽被系缚，其痕不紫赤，有白痕可验。死后系缚者，无血荫，系缚痕虽深入皮，即无青紫赤色，但只是白痕。

有用火篦烙成痕，但红色或焦赤带湿不干[2]。

注释

① 这种说法有片面性。若是坐式被勒，由于死后即出现肌肉松弛，两手在重力作用下，下垂到保持重心平衡为止。

② 火篦烙成痕：尸体烙痕与全身体表一样，随着水分蒸发，表面干燥，皮肤损伤处(包括烙伤）干燥更甚，往往变成红褐色一样、硬的皮革样表层。带湿不干：未详。

译文

被绞勒喉下而死亡的尸体，绳结在项后，两手不下垂，即使下垂也不垂直，项后有绳结印痕，还有背部依靠柱子等地方或许把衣襟压皱。如果颈部有衣衫领子勒压的黑痕，则属要害部位被勒窒息身亡。

凡是检验被勒而死的尸体，要将颈项部勒的绳索或多种系带勒的情况，在检验时仔细交代清楚，如绳索缠绕了几道，大多是在项后正中或者偏左、右系结，应有没系完的绳头垂下处的痕迹。其尸体如果仰卧在地，则因被勒时挣扎过，头发或髻子一定会揉搓散乱，或周身有碰擦过的痕迹。

凡是检验被勒死亡的尸体，要察看现场尸体四周挣扎摩擦所留痕迹的地方。

又有死亡后被人再用绳子绑扎手脚及颈项等部位，因本人已死，呼吸停止、血液不流通，虽被绑扎，但索痕不呈紫红色，而显白色，这一点可做验证。死后被绑扎的尸体，没有血荫，绑扎的痕迹虽然深入皮中，但不显青紫红色，只有白色的印痕。

有人用烧红的篦子在尸体上烙成痕迹来假冒索痕，这种痕迹仅呈红色或焦红色，带湿不干。

假自缢的鉴定

古人在区分真假自缢时对自缢人的形象、部位、工具进行了详细解读，并且对勒死、打死与自缢死出现的尸体症况进行了论述，这些理论大部分是正确的，也有受当时技术条件的限制而得出的不合理的结论。现代法医学对勒死与自缢死有了更仔细的辨别：勒死位置多在喉结下方，呈水平环绕颈项部，无提空，伤痕形状呈环状，伤痕的深度一致，肌肉出血少，没有内膜破裂，软骨板有骨折现象，脸面颜色青紫，口鼻有血性泡沫。而上吊致死的位置多在甲状软管和舌骨间，伤痕由最低点起对称地向对侧上方斜行呈马蹄形；伤痕的深度不一致，肌肉出血少，内膜横行有裂伤，一般没有软骨损伤，死者脸色苍白，有鼻涕及尿液排出等。

二十一　溺死

原典

若生前溺水尸首，男仆卧，女仰卧[①]。头面仰，两手、两脚俱向前。口合、眼开闭不定，两手拳握。腹肚胀，拍着响。（落水则手开，眼微开，肚皮微胀。投水则手握，眼合，腹内急胀）两脚底皱白，不胀。头髻紧，头与发际、手脚爪缝或脚着鞋则鞋内各有沙泥。口鼻内有水沫，及有些小淡色血污，或有擦损处，此是生前溺水之验也。（盖其人未死必须争命，气脉往来，搐水入肠，故两手自然拳曲，脚罅缝各有沙泥，口鼻有水沫流出，腹内有水胀也[②]）

若检覆迟，即尸首经风日吹晒，遍身上皮起，或生白。

若身上无痕，面色赤，此是被人倒提水揾死[③]。

若尸面色微赤，口鼻内有泥水沫，肚内有水，腹肚微胀，真是淹水身死。[④]

若因病患溺死，则不计水之深浅可以致死，身上别无它故。[⑤]

注释

① 男仆卧，女仰卧：指溺死的尸体浮起后的姿势。

② 此为溺水的所验特征。生前落水致死的征象，书中描述得很详细，大部分内容至今仍被使用。

③ 揾死：这里说的死仍是溺死。这段说法不全面。水中尸体面红，可以是死后郁血，尸体在水中，因头部质量较大，下沉度大于躯干，血液向面部坠积出现尸斑。不能以此认定是被人倒提按入水里溺死的。

④ 生前落水受溺，必吸入溺液，气管黏膜受水刺激，黏液分泌增加，水与黏液混合，随着呼吸运动被呼吸道

中原有空气冲搅，形成小气泡，死后尸体僵硬或移动尸体，胸廓受挤压，呼吸道内的泡沫就向口鼻涌出，可堆积如蘑菇状，称蕈状泡沫。如果是大量泡沫流出，可认定是溺死的。这段描述的几种征象综合互证后确认溺死，是可取的。

⑤ 因病和其他原因而投水自溺，性质及征象无区别，无论水深浅都能溺死。决心自杀者，在只求一死的心理支配下，在意识未丧失前坚持口鼻外孔不离水，进而吸进水，致呼吸障碍，待窒息昏迷后，再不会抬头了。故小水沟、稻田、装了水的木箱、澡盆、面盆等，只需水能没住半脸深，就能自溺致死。

译文

如果是生前溺水死亡的尸体，男尸在水中呈俯卧形，女尸在水中呈仰卧形。尸体头面后仰，两手、两脚都向前伸出，口闭合，眼有的张开、有的闭合，两手握拳，肚腹膨胀，拍打有声响。失足落水的，则两手张开，眼微睁，肚皮略胀。投水自杀的，则手握拳，眼闭合，腹部极胀。两脚底板皮皱色白、不鼓胀，发髻紧结不散，头发与发际、手脚指甲缝，或者穿着鞋子则包括鞋子内都有泥沙，口腔、鼻孔内有水沫，还有些淡红色血污，有的尸体还有碰破擦伤的伤痕。这是死者生前溺水的尸体检验特征。因为溺水的人死亡前，必然有拼命挣扎的过程，呼吸不停，吸水入肚，因而两手自然拳曲，脚指甲缝里有泥沙，口、鼻有水沫流出，腹内进水而肚腹鼓胀。

如果初验、复验延迟了时间，溺者的尸体因早已捞出水面，经风吹日晒，便会发生全身皮肤脱落，或者生长白疱的现象。

如果尸体身上没有伤痕、面色发红，则是被人倒提着按在水里闷死的。

如果尸体面色微红，口、鼻内有泥水泡沫，肚内有水，腹肚稍胀，这确实是生前溺水死亡的。

如果因为溺者已身患疾病而后再投水自溺的，则无论水深水浅，都可以导致死亡，尸体身上没有其他的伤损。

原典

若疾病身死，被人抛掉在水内，即口鼻无水沫，肚内无水，不胀，面色微黄，肌肉微瘦①。

若因患倒落泥渠内身死者，其尸口

注释

① 病死者被人丢入水中，其面色不一定微黄，肌肉也不一定较瘦，如突然病死（脑溢血、冠心病发作等），外表可以很健壮。

眼开[②]，两手微握，身上衣裳并口、鼻、耳、发际并有青泥污者，须脱下衣裳，用水淋洗，酒喷其尸；被泥水淹浸处即肉色微白，肚皮微胀，指甲有泥。

若被人殴打杀死，推在水内，入深则胀，浅则不甚胀。其尸肉色带黄不白，口眼开、两手散，头发宽慢。肚皮不胀，口、眼、耳、鼻无水沥流出，指爪罅缝并无沙泥，两手不拳缩，两脚底不皱白却虚胀[③]。身上有要害致命伤损处，其痕黑色，尸有微瘦。临时看验，若检得身上有损伤处，录其痕迹，虽是投水，亦合押合干人赴官司推究。

诸自投井、被人推入井、自失脚落井，尸首大同小异。皆头目有被砖石磕擦痕，指甲、毛发有沙泥，腹胀，侧覆卧之则口内水出，别无它故，只作落井身死，即投井、推入在其间矣。所谓落井小异者，推入与自落井则手开、眼微开，腰身间或有钱物之类；自投井则眼合手握[④]，身间无物。

②此说法片面。口、眼可张可不张，并不一定。

③此说法不对。水中尸体经数小时浸泡，手脚表皮膨胀，尤其表皮层厚的手掌、脚底膨胀特别明显，泛白、有皱纹。夏季经数日，春秋季经二周左右，膨胀的表皮就会像手套、袜子一样脱落。被打死后推入水中，同样会发生这些变化。

④此说法不全面。眼睁闭、嘴张合、手握拳与否，都与死亡性质、原因无直接联系。

译文

死者如果是因生疾病已先死亡，之后才被人抛扔在水中的，则尸体口、鼻内没有水沫，肚内无水，也不鼓胀，面色微黄，肌肉较瘦。

如果死者是因为生前患病而身不由己倒在泥沟里死亡的，尸体的口、眼张开，两手微握。对于穿的衣服上和口、鼻、耳、发际等处都有黑泥沾污的溺尸，检验时要脱下他身上的衣服，用水淋洗，再将酒喷洒在尸体上。被泥水淹浸的地方，肉色微白，肚皮微鼓胀，指甲缝里有泥。

若被人殴打后杀死，推倒深水里，尸身就会发胀，水浅就不怎么鼓胀。这种尸体，肤色偏黄而不发白，口开眼睁，两手掌伸张，头发散乱，肚皮不胀，五官中没有水滴流出，指甲缝里无泥沙，两手不拳缩，两脚底板皮不皱也不发白，却有肿胀，身上有要害致命伤损的地方，伤痕呈黑色，尸体微瘦。在检验时，如果发现身上有损伤的地方，要记录在案。即使是被打后自行投水的，也应当把关系人押到官府审问查究。

凡是因为自己投井，或者被人推入井内，或者自己失足落井等情况死亡的，尸首情况大同小异，都是头部、面部有被砖石碰破擦伤的痕迹，指甲、毛发里有泥沙，腹肚膨胀，尸体侧卧或俯卧，口内就会有水流出。如果尸体上没有其他伤痕，只能定作落井身亡，连自己投井、被人推入井内的情况都包括在里面了。所谓落井的情况有差异，被推入井与失足落井而死的尸体两手张开，眼睛微睁，身上有的还带有财物之类；自己投井而死的尸体，则是眼睛闭合，双手握拳，身上没有财物。

原典

大凡有故入井，须脚直下；若头在下，恐被人赶逼，或它人推送入井。若是失脚，须看失脚处土痕。

自投河、被人推入河，若水稍深阔，则无磕擦沙泥等事；若水浅狭，亦与投井、落井无异。大抵水深三、四尺，皆能淹杀人；验之果无它故，只作落水身死。则自投、推入在其间矣。若身有绳索及微有痕损可疑，则宜检作被人谋害置水身死。不过立限[①]捉贼，切勿恤一捕限，而贻罔测之忧。

诸溺河池，（行运者谓之河，不行运者谓之池）检验之时，先问原申人：早晚见尸在水内？见时便只在今处？或自漂流而来？若是漂流而来，即问是东、西、南、北？又如何流到此便住？如何申官？如称见其人落水，即问：当时曾与不曾救应？若曾救应，其人未出水时已死，或救应上岸才死？或即申官，或经几时申官？

注释

①立限：即限期侦破、缉捕罪犯的命令，如受令人到期未破获，就要受到责罚。宋律规定，盗窃、杀人案，限案发后三十日内捕获罪犯。

译文

一般说因为种种缘故而自己投井的，应该是双脚直插井下；如果是头向下的，可能是被人驱赶逼迫落入井中的，或者是被他人推入井中的。如果是失足落井的，要验看失足处的泥土痕迹。

自己投河死亡的，或者被人推入河中死亡的尸体，如果河水较深、河面较宽，身上就没有碰擦伤痕以及沾带泥沙等迹象；如果河水浅而狭窄，则与投井、落井而死的尸体没有什么不同。大概水深三四尺，就能淹死人。经过检验确无其他损伤，只能验定为落水身亡，这就把自己投河与被推入河中死亡的情况都包括进去了。如果发现尸体身上有绳索及略有伤痕等可疑的情况，就应该验定为被人谋害置于水中死亡。要求在捕限期内捕捉凶手，千万不要顾忌捕限日期，从而遗留下难测的隐患。

对于淹死在河水中或水池内的尸体

（水运行的地方叫作河，水不运行、不流动的地方叫作水池），在检验时，先要讯问原报案人，什么时间发现水中的尸体？发现时尸体是在现在的地方，还是从别的地方漂流而来的？如果是漂流来的，就要问明漂流的方向？还有为何停在此处不动的原因？又怎样到官府报案的？如果报案人说是他亲眼看见死者落水的，就要问他当时有没有抢救过？如果曾经进行过抢救，就要问他死者是在水中就已经死亡了呢，还是救上岸后才死亡的？是立即就报了官的呢，还是经过多少时间才报官的？

原典

若在江、河、陂、潭、池塘间，难以打量四至，只看尸所浮在何处。如未浮，打捞方出，声说在何处打捞见尸。池塘或坎阱有水处可以致命者，须量见浅深丈尺，坎阱则量四至。江河、陂潭尸起浮或见处地岸，并池塘、坎阱系何人所管？地名何处？

诸溺井之人，检验之时，亦先问原申人，如何知得井内有人？初见有人时，其人死未？既知未死？因何不与救应？其尸未浮，如何知得井内有人？若是屋下之井，即问身死人自从早晚不见？却如何知在井内？凡井内有人，其井内自然先有水沫，以此为验[①]。

量井之四至，系何人地上？其地名甚处？若溺尸在底，则不必量，但约深若干丈尺，方摝尸出。

尸在井内满胀，则浮出尺余，水浅则不出[②]。若出，看头或脚在上、在下，先量尺寸；不出，亦以丈竿量到尸近边尺寸，亦看头或脚在上、在下。

注释

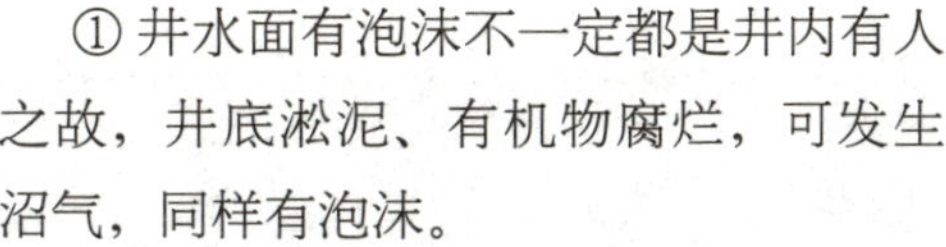

① 井水面有泡沫不一定都是井内有人之故，井底淤泥、有机物腐烂，可发生沼气，同样有泡沫。

② 假定淡水比重为 1，人的比重则为：吸气后 0.967，呼气后 1.057，比水稍重。溺死者因吸入液体，比重加大，所以下沉，经一定时间，尸体腐败产生气体，比重下降，因而浮出水面。

译文

如果尸体发现在大江、大河、湖泊、水潭、池塘中间，难以丈量出尸身四周界物的距离，那就只要察看尸体漂浮在什么地方就行了。如果尸体没有浮出水面，经过打捞才出水的，要说清楚是在什么地方进行打捞发现尸体的。如果是在池塘、坑洞等有水又足以淹死人的地方，要量出水的深浅的尺寸，以及坑洞到四周界物的距离。还要问清江、河、湖泊、水潭中的尸体浮起或发现处的地岸，以及池塘、坑洞归什么人管辖？叫什么地名？

对于淹死在井里的人，检验的时候，

也要先讯问原报案人，怎么发现井内有人的？刚发现时，人死了没有？如果已知道没死，为什么没有抢救？如果尸体还没有浮上来，又如何知道井内有人？如果是屋旁的井，就问死者是何时失踪的？却又怎么知道他沉在井内的？凡是井内有人，井水水面自然先有泡沫，根据这种现象，可验证井内有人。

要丈量井至四周界物的距离，问清井是在什么人的土地上，地名叫什么等情况。如果尸体沉在井底，就不必要丈量井至四周界物的距离，只要大约估量井深有多少丈多少尺，就可打捞尸体出井。

尸体在井内胀足以后，就会浮出水面一尺多，但水浅则不能浮出。如果尸体浮出，要验看头和脚分别是在上还是在下，并量出尺寸。如果尸体没有浮出，还要用竹竿测量到尸体近边的深度尺寸，也要验看头和脚分别是在上还是在下。

原典

检溺死之尸，水浸多日，尸首胖胀，难以显见致死之因，宜申说：头发脱落、头目胖胀、唇口番张，头面连遍身上下皮肉并皆一概青黑、褪皮。验是本人在井或河内，死后水浸，经隔日数，致有此。今来无凭检验本人沿身有无伤损它故，又定夺年颜、形状不得。只检得本人口鼻内有沫[①]，腹胀。验得前件尸首委是某处水溺身死，其水浸更多日，无凭检验，即不用申说致命因依。

初春雪寒，经数日方浮，与春、夏、秋、末不侔。

凡溺死之人，若是人家奴婢或妻女，未落水先已曾被打，在身有伤；今次又的然见得是自落水，或投井身死，于格目内亦须分明具出伤痕，定作被打复溺水身死。

投井死人如不曾与人交争，验尸时面目头额，有利刃痕，又依旧带血似生前痕，此须看井内有破瓷器之属，以致伤着。人初入井时，气尚未绝，其痕依旧带血，若验作生前刃伤，岂不利害。

注释

① 口鼻内有沫：这里指高度腐败尸体，口鼻冒出的腐败血气泡。不是溺死的征象。

译文

检验淹死的尸体，如果浸在水中日子较多，尸体发臭膨胀，难以看出明显致死的原因，应该做陈述性的说明：头发脱落，头面膨胀，嘴唇翻张，头面连及全身上下皮肉，一概呈青黑色，皮肤褪落。已验明是本人在井里或者河里，死后水浸，经隔日久，以致造成目前情况。现在无从检验死者全身有没有伤损及其他致死原因，也无法确定死者的年龄、面貌，只检验到死者口鼻内有沫，腹部膨胀。验得前件尸首，确实是在某处溺水身死，在水中浸泡的日子更长、根本无法检验的，

就用不着再陈述说明致死的事由原因了。

初春雪寒，溺水的尸体要经过好几天才浮出水面，与春、夏、秋末不一样。

凡溺水死的人，如果是主人家的奴婢或是妻女，没有落水之前曾被打过，尸体上有伤痕，检验认定的确是自己落水或是投井身死的，在验尸报告上也要把所有伤痕填写明白清楚，验定为被打后再溺水死亡。

投井死的人，如果生前没有与人争斗过，检验尸体时发现面部、头部有锐器伤痕，仍然带有血迹，好像是生前受伤的痕迹，这就要验看井内是否有破瓷器之类的物件，是否是因这些物件造成的划伤。因为人体刚刚落入井水时，呼吸尚未停止（血液仍在循环，此时体肤被划破），其伤痕仍然会带血，如果验定为生前被刀刃所伤，就会牵连无辜，造成冤案，这利害关系难道不是太大了吗！

溺水死亡的检验

溺水身亡是古今比较常见的案例，宋慈在投河、跳井、被人推入水、尸体在水冲浸泡的时间长短等方面具体就尸体的表面现象进行了论述，其理论为古代办案带来了便捷。但是由于时代的各方面的局限性，对溺水身亡的判定也有不足的地方，举例如下。男尸一般四肢较发达，胸部肌肉丰富，重心在前，上浮时就呈俯卧；女性臀部发达，腰曲明显，重心偏后，上浮后以仰卧居多。因此，溺尸上浮后的卧式决定于尸体的重心而不是性别。男的重心在后者，女的重心在前者，就成男仰女俯了。说溺水的尸体腹肚胀，拍着响，这是把部分溺水尸体征象一般化了。实际上，约有一半的溺水者，胃内无水，肚腹不胀，说失足落水者腹略胀，投水自杀者极胀，更是片面。失足落水的由于惊慌及挣扎，呛水更严重，吞水的机会多，胃或腹就会较胀或很胀。投水自杀的，入水初时，在自杀心理支配下，憋气不挣扎，待体内缺氧，二氧化碳蓄积严重，产生不自主的大口吸气动作，液体被吸入呼吸道。此时，有的发生呛水现象，吞水入胃；有的却很快休克，没有吞咽反射，无水入胃。因此，自杀者呛水机会比失足者少。总的说，不能以腹胀与不胀来判断是不是溺死，更不能以此来判断溺水的自杀、他杀、意外性质。病者投水则身上无其他损伤的说法不确切，因为有的病者，先用多种手段自杀未死再投水自杀，有的在投水时碰伤，有的在水中漂流时碰擦伤等。此外，不论什么原因投水自杀的，身上也都可以没有伤。

现代法医认为，溺水死亡的原因是水等液体状物质随着呼吸进入到呼吸道和肺部产生堵塞造成的，属于窒息死亡的特殊类型，单凭外观表象是很难界定是否是溺水死亡。现在通常使用的方法有：电脑检验法、血液分析法、组织分析法、硅藻分析法等。但是各种方法都有一定的局限性，需要综合利用。硅藻分析法被认为是分析溺水死亡常用的金标准。因为硅藻是单细胞生物，大小不一，外壳坚硬不容易被破坏，随着水流被吸进身体内可以长期保留。硅藻可以通过微波消化、酶消化、硝酸乙醇、血浆过滤、燃烧等办法进行检验和分析。

卷之四

二十二　验他物及手足伤死

原典

律云：见血为伤①。非手足者其余皆为他物，即兵不用刃亦是。

伤损条限：手足十日，他物二十日。

斗讼敕：诸啮人者，依“他物法。”

元符②敕《申明刑统》：以靴鞋踢人伤，从官司验定，坚硬，即从他物；若不坚硬，即难作他物例。

或额、肘、膝拶，头撞致死，并作他物伤痕。

诸他物是铁鞭、尺、斧头、刀背、木杆棒、马鞭、木柴、砖、石、瓦、粗布鞋、皮鞋、革鞋之类。

若被打死者，其尸口眼开③，发髻乱，衣服不齐整，两手不拳，或有溺污内衣。

译文

刑律规定：只有看到出血才算是损伤。除手足踢打伤外，其余都属于他物伤，即使使用兵器无锋刃的部分击伤的也是他物伤。

各种伤损的保辜时限：拳脚伤十天，他物伤二十天。

斗讼敕令中规定：凡是咬人致伤的，依照“他物伤法”处理。

元符年间颁布的《申明刑统》中的敕令规定：用靴鞋踢人致伤的，听从官府检验认定，如果靴鞋坚硬，就依他物伤处理；如果靴鞋不坚硬，便难以作为他物伤看待。

或者用额头、肘弯、膝头抵撞和用头撞击引起死亡的，都作为他物伤认定。

所谓“他物”有多种，指铁鞭、尺、斧头、刀背、木杆棒、马鞭、木柴、砖、石、瓦、粗布鞋、衲底鞋、皮鞋、草鞋等。

如果是被打死的，尸体口眼睁开，发髻散乱，衣服不整齐，两手不握拳，有的有小便沾污内衣。

注释

① 见血为伤：血管变性、通透性增加致全血漏出管外。

② 元符：为宋哲宗（1098—1100 年）年号。

③ 口眼开：被打死者口、眼不一定睁开。一般尸体眼微开、口闭而不紧。病死的也可有眼睁口张。有的在死亡时眼睁开，死后不能自闭。被打死的手握拳的说法也是片面的，各种原因死亡的手都可握拳也都可以不握拳。

原典

若在辜限外死，须验伤处是与不是在头，及因破伤风灌注致命身死。

应验他物及手足殴伤痕损，须在头面上、胸前、两乳、胁肋旁、脐腹间、大小便二处，方可作要害致命去处。手足折损亦可死，其痕周匝有血荫[①]，方是生前打损。

诸用他物及头额、拳手、脚足、坚硬之物撞打痕损颜色，其至重者紫黯微肿，次重者紫赤微肿，又其次紫赤色，又其次青色。其出限外痕损者，其色微青[②]。

凡他物打着，其痕即斜长或横长；如拳手打着，即方圆；如脚足踢，比如拳手（手）分寸较大。（凡伤痕大小定作手足他物，当以上件物比定，方可言分寸[③]）凡打着两日身死，分寸稍大，毒气蓄积向里，可约得一两日后身死；若是打着当下身死，则分寸深重，毒气紫黑，即时向里，可以当下身死[④]。

注释

①血荫：此处指生前损伤出血，血浸周围组织，洗擦不掉。

②此处指钝器伤皮下出血的颜色。

③本段说法不符合实际。拳击伤痕以不规则的边缘、不清楚的皮下出血为主，若皮肤裂开也不是方圆形态。脚踢伤亦以呈无特殊形态的边缘不清的皮下出血为多见。如穿硬边鞋踢，可形成边缘清楚的条状或半月形皮下出血。

④皮出血呈紫黑色，说明出血较多，皮下出血较多，一般是作用力较大，但不一定死亡，相反皮下出血不严重的，内脏损伤严重却可死亡。至于毒气向里的说法，按现代医学观点看，是外力波及深部而致组织完整性破坏功能障碍，或瘀血向周围及深部扩散。古人说被打两天后死亡，伤痕尺寸稍大，是有道理的，不是毒气向里，而是皮下出血向周围扩散的缘故。

译文

如果是在保辜时限外死亡的，要验查伤痕是不是在头部，以及是否是由于破伤风感染而致命死亡的。

应该检查的他物伤及拳脚殴伤，伤痕只在头面上、胸前、两乳、肋旁、脐腹间、大小便处才能定作致命的要害部位。手足折断也能致死，这类伤痕周围有淤血，才能认定是生前被打断的。

凡是用他物及额头、拳、脚等坚硬的部位撞击的，伤痕的颜色最重的呈紫黑色，稍肿胀；较重的呈紫红色，稍肿胀；一般的呈紫红色，轻的呈青色。已超过保辜时限的伤痕，颜色略微发青。

凡是被他物打伤的，伤痕的形状是斜长条或者横长条。如果是被拳头打的，伤痕是方圆形；如果是被脚踢伤的，伤痕形状如同拳头击伤的，只是尺寸较大。凡是按伤痕大小来验定是拳、脚还是他物打的，应当用以上这些东西来对比验定，才可以说确定伤口的尺寸。凡是被打伤后两天内死亡的，其伤痕比刚打伤时尺寸稍大，因为毒气向里面聚积了。由此可大约估测出是否是在被打后一两日内死亡的。如果是被打当场死亡的，则伤势深重而呈紫黑色，因为毒气立即迅速向内聚积，能当场致命。

原典

诸以身去就物谓之磕。虽着无破处，其痕方圆[①]；虽破，亦不至深。其被他物及手足伤，皮虽伤而血不出者，其伤痕处有紫赤晕[②]。

凡行凶人若用棒杖[③]等行打，则多先枉实处。其被伤人或经一、两时辰，或一、两日，或三、五日，以至七、八日，十余日身死。又有用坚硬他物行打，便致身死者，更看痕迹轻重。若是先驱被伤人头髻，然后散拳踢打，则多在虚怯要害处，或一拳一脚便致命。若因脚踢着要害处致命，切要仔细验认行凶人脚上有无鞋履，防日后问难。

凡他物伤，若在头脑者，其皮不破，即须骨肉损也。若在其它虚处，即临时看验。若是尸首左边损，即是凶身行右物致打顺故也；若是右边损，即损处在近后，若在右前，即非也；若在后，即又虑凶身自后行他物致打[④]。贵在审之无失。

注释

① 其痕方圆：指若为平面物所伤，体表呈圆筒状，弧顶向外，受力点呈圆形或椭圆形，因此形成类圆形伤痕。若碰到棱边或角，则伤痕形态呈非圆而是与棱角形态相似。

② 紫赤晕：指以伤痕皮下出血向周围扩散形成血色痕迹，边缘不清，古代称为血晕。

③ 棒击这些部位，伤重者可以致死，死亡时间可以在伤后立即发生。亦可以在一两个时辰至十几天内发生，这个说法是很有道理的。伤及生命重要器官致功能衰竭，或损伤性休克，可迅速死亡，也可经过一定时间才死。损伤引起继发性疾病致死的，其经过的时间往往较长。

④ 伤位与打击者体位有关系，但不是绝对的。背部损伤，若是他人硬物打击，面对面的体位关系当然难以形成，但也不一定在背后打，侧面打击也可形成。若他人用软物（如鞭）打击，面对面也可形成。

译文

凡是用身体去撞击其他物体的行为叫作“磕”。虽然撞到他物，但皮肤一般没有破损的地方，其伤痕为方圆形；即使撞破，也不至于太深。那些被他物及拳足打伤的，皮肤虽然受伤但没有血流出的，伤痕部位有紫红色的血晕。

凡是行凶人用棍棒等物打人的，大多先打击坚实部位。被害人有的隔一两个时辰，有的隔一两天，有的隔三五天以至七八天、十多天才死亡。又有的人用坚硬的物件打人，受害人当场便被打死，因此更要验看伤势的轻重。如果是先揪住受害人的头髻，然后拳打足踢的，则伤痕大多在虚软要害部位，有的一拳一脚便可致命。如果是因为脚踢在要害部位而致命的，务必要仔细验认凶手脚上有没有穿着鞋子，以防日后上级查问。

凡是他物伤，如果伤痕在头部的，尽管头皮没破，必定是骨肉有伤，如果伤痕在其他虚软部位，就应当场验看。如果是尸体左边有损伤，这是由于凶手右手拿着凶器从正面顺手击打的缘故；如果是尸体右边有损伤，这是凶手右手拿着凶器从后面近身的地方击打的缘故。如果伤痕在尸体的右前部就不属于这种情况；如果伤痕在后面，就又得考虑凶手是否从身后用他物击打。总之，贵在仔细审察，才无失误。

原典

看其痕大小，量见分寸。又看几处皆可致命，只指一重害处，定作虚怯要害致命身死。

打伤处皮膜相离，以手按之即响[①]，以热醋罨则有痕。

凡被打伤杀死人，须定最是要害处致命身死。若打折脚手，限内或限外死时，要详打伤分寸阔狭，后定是将养不较致命身死。面颜岁数，临时声说。

凡验他物及拳、踢痕，细认斜长方圆，皮有微损。未洗尸前，用水洒湿，先将葱白捣烂涂，后以醋糟，候一时除，以水洗，痕即出。

若将榉木皮罨成痕，假作他物痕，其痕内烂损黑色，四围青色，聚成一片而无虚肿，捺不坚硬[②]。

又有假作打死，将青竹篦火烧烙[③]之，却只有焦黑痕，又浅而光平。更不坚硬。

注释

①这是指皮肤未裂开的挫伤，皮下软组织断碎出血，皮肤与皮下软组织剥离形成囊腔，触摸时会有轻微声响。

②用榉树皮拥敷成痕，局部有腐蚀和染色作用，但不引起淤血和肿胀。如果用榉木皮拥敷出痕迹，假装为他物伤的伤痕，其痕迹内的颜色发黑，无虚胖。

③竹篦火烧烙：竹篦烤热后烙皮肤而出现灼伤。不出现淤血和肿胀。

译文

验看伤痕的大小，要量出尺寸。验看到有几处可以致命的伤痕，则只能验定伤势最重的一处，为要害致命死亡的伤痕。

被打伤的地方，皮肤和下层软组织分离，用手按在上面有响声，用醋热敷后，会显出伤痕。

凡被打伤致死的人，致命伤痕必定是最要害的损伤部位。如果是被打断手脚的，在保辜时限以内或保辜时限以外死去的，都要审察打伤尺寸阔狭后，才验定是否调养不好而致命死亡。死者的面貌、年龄等，也要在检验时查问清楚。

凡是检验他物及拳脚打踢伤痕，要仔细辨认伤痕的形状是斜长的还是方圆的，皮肤是否稍微损破。在清洗尸体之前，用水洒湿尸体，把葱白捣烂涂在验伤处，然后用醋、糟一起敷，等候一个时辰，除掉醋、糟，用水洗净，伤痕就会显现出来。

如果用榉木皮敷住伤痕，假装为他物伤的伤痕，其皮肉虽然烂坏呈黑色，四周呈青色，聚成一片，但不虚肿，按压时不感觉坚硬。

还有的尸体伪装成被打死亡的，是在尸体上用火烧热的青竹篦烙烫成伤痕，但是这种伤痕只有焦黑的灼痕，而且浅而平滑。压按时更没有坚硬的感觉。

硬物致死的尸检

古代法医在检验被物器或者手足所伤时，注重从尸体伤的硬度、形状大小、出血部位、颜色深浅进行判断，可谓全面独到，在今天仍具有很高的实用价值，尤其是“伤势甚重而呈现黑紫色，毒气向内收敛聚集”的论断与现在科学技术条件下鉴定的道理完全一样。但仅以皮下出血的颜色判断伤轻重是不客观的。因为一般说皮肤浅层（如真皮层）出血，其量少，颜色较红；皮下出血量较多，颜色较深，呈紫红、青紫；若深层出血，皮肤呈现的颜色为暗青色（乌青块）。另外以现代法医学的观点看，见血为伤的定义不确切。机械力作用形成的机械性损伤广指外力作用，致伤物与人体接触，致组织细胞完整性破坏、功能障碍的现象，其中有些伤体外见血，有些伤体外不见血（如内伤）甚至体内亦不见血（如震荡致功能障碍）。相反地，体外见血亦非都是暴力性损伤，如病理性口鼻腔出血、眼球出血、呕血、咯血、便血、皮肤紫癜等。若某人被钝器打击，并未形成损伤，结果以见血为伤给予判断，这就不科学了。

现代法医理论认为，用铁锤、木棍、石块、皮带、拳头等作用于人体所造成致人死亡的伤势可表现为表皮剥脱、皮下出血、挫伤、挫裂创、骨折、内脏损伤和脑损伤，甚至肢体断离挫碎等。

现在法医鉴定方法有：观察死者意识状态、面容、体位全身情况；详细检查局部，认真查看伤口或创面，并注意其形状、出血、污染、渗出物及伤道位置等情况；进行生化检查和现代影像学检查以及必要的尸体解剖等。

二十三　自刑

原典

凡自割喉下死者，其尸口眼合，两手拳握，臂曲而缩，（死人用手把定刃物，似作力势，其手自然拳握）肉色黄，头髻紧[①]。

若用小刀子自割，只可长一寸五分至二寸；用食刀，即长三寸至四寸以来；若用瓷器，分数不大。逐件器刃自割，并下刃一头尖小，但伤着气喉即死[②]。

若将刃物自斡着喉下、心前、腹上、两胁肋、太阳、顶门要害处，但伤着膜[③]，分数虽小即便死；如割斡不深，及不系要害，虽三、两处，未得致死。若用左手，刃必起自右耳后，过喉一、二寸；用右手，必起自左耳后[④]。伤在喉骨上难死，盖喉骨坚也；在喉骨下易死，盖喉骨下虚[⑤]而易断也。其痕起手重，收手轻[⑥]。（假如用左手把刃而伤，则喉右边下手处深，左边收刃处浅，其中间不如右边。盖下刃太重，渐渐负痛缩手，因而轻浅，及左手须似握物是也。右手亦然）

注释

① 头髻紧：头发梳卷成团为髻，自杀者死亡过程比较平静，故发髻不散。死后仍紧抓刀具的现象，指握刀自刎者的尸体，手僵硬固定，紧握刀，难拔出的现象。可因尸僵形成手呈握拳状，也可因尸体痉挛而紧握，尸体保存临死时瞬间肢体姿势死后未松弛的现象叫尸体痉挛。死后无法伪装。

② 伤着气喉即死：气管上接喉、下连支气管，是呼吸的通道。

③ 膜：此处指血管。只要伤到喉颈、心前、腹上、两胁肋、太阳穴、顶门的血管，尺寸虽小也会立即死亡之说，过于绝对了。

④ 刎颈位置及走向与用手习惯的关系：用右手握刀切颈的，创口偏左侧，创口斜形，左侧高、右侧低，用左手者相反。古代法医学这种说法一直沿用至今。实际上不仅如此。无论使用哪只手握刀切颈，创口均可在颈前呈水平状或仅稍有斜度。

⑤ 喉骨下虚：喉骨指甲状软骨，男性颈前突起即是甲状软骨结节。其下方接环状软骨，并不虚软，甲状软骨较环状软骨宽厚且稍硬些，但不是坚硬，同样易被割断。

⑥ 起手重，收手轻：自刎颈者下刀较重收刀较轻，一般如此，但也有相反，下刀较轻，用刀一拉，突然终止，形成收刀

侧创口更深更重。如果是用锐器在喉颈、心前、腹上、两胁肋、太阳穴、顶门等要害部位自伤的，只要伤到脉膜，尺寸虽小，也会立即死亡；如果割扎得不深，以及不是要害部位，虽两三个地方有伤痕，也不能致死。

译文

凡是自己割颈喉自杀的，这种尸体口合眼闭，两手握拳，手臂弯缩。死者用手抓紧有锋刃的物体，像用力的姿势，他的手会自然握拳。肉色黄，发髻不散。

如果是用小刀子自割的，刀痕长只有一寸五分至二寸；用菜刀割的，长达三至四寸以内；如果是用破损瓷器割的，伤痕的尺寸不大。用各种锐器的刀口自割，并且是用尖小的一头刺戳的，只要伤着气管就能死亡。

如果是用利刃在喉颈、心前、腹上、两肋、太阳穴、顶门等要害部位自伤的，只要伤到脉搏，尺寸虽小，也可立即死亡，如果伤的不深，以及不是要害部位，虽有两三处伤，也不能致死。如果用左手拿刀刎颈，刀痕必定起自右耳后，经过喉颈一二寸长；用右手拿刀刎颈，刀痕必定起自左耳后。如果割在喉骨上就难以致死，因为喉骨坚硬，难以割断。割在喉骨下就容易送命，因为喉骨虚软而易于割断。自割的伤痕都起手重，收手轻。假如用左手拿刀刎颈而伤，则喉颈右边下手的地方刀痕深，左边收刀的地方刀痕浅，刀痕中间也不及右边深，因为下刃时太重渐渐负痛缩手，所以轻浅，还有左手像握物的样子也是这种情况。用右手拿刀刎颈的也是这样。

原典

凡自割喉下，只是一出刀痕。若当下体死时，痕深一寸七分，食系、气系并断；如伤一日以下体死，深一寸五分，食系断，气系微破；如伤三、五日以后死者，深一寸三分，食系断。须头髻角子散慢。

更看其人面愁而眉皱，即是自割之状。（此亦难必）

若自用刀剁下手并指节者，其皮头皆齐，必用药物封扎。虽是刃物自伤，必不能当下身死，必是将养不较致死。其痕肉皮头卷向里，如死后伤者，即皮不卷向里，以此为验[①]。

注释

①皮内卷缩，生前伤征象之一。活着的组织纤维保持一定紧张性，一旦中断，

会向两端收缩，因此创缘皮肤呈内卷缩状。死后，组织纤维失去紧张性，中断后收缩极微弱，创口皮肤没有明显向内卷缩。

译文

凡是自割喉管只有一处刀伤，当场就死亡的，伤口必深达一寸七分左右，食管、气管全都割断；如果在受伤后一天之内死亡的，伤口仅深一寸五分左右，食管割断，气管略破；如果受伤三五天以后才死亡的，伤口只有一寸三分左右深，食管割断，发髻必定散乱。

如果还看到死者面有愁容，眉头紧皱，这是自割的表情。不过也难说是必然如此。

如果死者生前自己用刀剁下自己的手或手指节的，创伤断面，皮肉断头都较整齐，必然用药物包扎过。虽说是用锐器自伤，但不会立即死亡，一定是调养不好引起死亡的。如生前剁断，其伤痕皮肉向里卷缩；如果是死后被人剁断的，断皮就不向里卷缩，可根据这种现象来验证是生前伤断还是死后剁断。

原典

又有人因自用口齿咬下手指者，齿内有风着于痕口，多致身死，少有生者。其咬破处疮口一道，周回骨折，必有脓水淹浸，皮肉损烂，因此将养不较，致命身死。其痕有口齿迹，及有皮血不齐去处。

验自刑人，即先问原申人：其身死人是何色目人？自刑时或早或晚？用何刃物？若有人来识认，即问：身死人年若干？在生之日使左手、使右手？如是奴婢，即先讨契书看，更问：有无亲戚？及已死人使左手、使右手[①]？并须仔细看验痕迹去处。

更须看验，在生前刃伤，即有血行，死后即无血行[②]。

注释

① 咬断手指大多致命，很少活下来的说法不符合实际。口腔内有许多致病菌及细菌毒素，被咬伤口容易感染，组织坏死化脓，个别的可因败血症或破伤风而死亡。

② 血行：指生命体的生命现象。

译文

又有人自己用牙齿咬下手指的，由于牙齿上有病菌，感染到伤口上，大多能使人死亡，很少有活下来的。咬断的地方有疮口一道，周围骨折，有脓水淹浸，皮损肉烂，因此调治不好，致命身死。创口上有牙齿印迹，皮肉断面不整齐。

检验用锐器自伤自杀的尸体，要先

讯问原报案人，这死者是何种身份的人？用锐器自伤自杀的时间是早是晚？用的是什么锐器？如果有人来辨认尸体，就要讯问死者的年龄？生前习惯用左手还是右手？如果是奴婢，就要先讨取契约文书验看，还要查问死者有没有亲戚，以及生前习惯用左手还是右手？并且要仔细验看有伤痕的地方。

还要验看是生前伤还是生后伤，生前被刀刃创伤的有生命现象，死后被伤的没有生命现象。

自刑致死的尸检

自刑，即现在的自杀或者自残行为。古代的法医对此类情况的鉴定仅仅是从刺喉、刎颈、咬手指等简单的几个方面就尸检的注意事项做了论述，个别的地方比较详细，但是也存在现在看来比较片面或错误的观点。比如：在刺喉深致死分析时的错误。气管切破，空气可从破口进出，并不影响呼吸，只要伤后出血不堵塞呼吸道，一般不会致死。临床上抢救喉头堵塞，就常用气管切开术。若同时伤及大血管，流血过多，或血流进气管而堵塞支气管，或创伤休克则可迅速引起死亡。不同长度的利器切割，其创口长度与利器长度并不成比例，刀片可造成很长的切割创口。在分析刎颈时存在片面性。现代医学以为刎颈致死一般有三个因素：颈部大血管（颈总动脉、颈内静脉）破裂大出血，重要神经（颈髓、迷走神经）断裂、功能障碍，气管流进血液堵住支气管。三个原因可同时出现，也可单独出现而致死。颈前两侧的大动静脉均很浅，容易割断，一旦切断，迅速死亡，而伤口可以不深。亦有的在颈前正中把喉头气管、食道切断，却未伤及两侧大血管，伤口很深却未致死。因此书中说的伤后死亡时间与伤口深度的关系是不全面的。在分析血管破裂时存在片面性。伤到大血管致急性失血，或由于出血压迫生命重要器官，可以致死。伤及较小血管，又没有压迫、堵塞等情况发生时，不一定会致死。头顶部的血管较小，如只割破头皮血管，颅内没有损伤和功能障碍，是不会死亡的。咬手指致死更具有片面性。

现代自杀的主要类型：自缢、服毒、高坠、割血管四种。自缢男性居多，服毒女性居多，其他两种类型男女分布差不多。对此四种自刑的法医鉴定当然只能采取不同的法医鉴定方法，后面结合实际具体论述，在此只是对自杀的原因进行分析。总结现代自杀案件发现有三种主要原因导致自残或者自杀：一是心理压力过大，表现在学习、工作、生活压力太大，竞争激烈；二是精神疾病原因，表现在得了不治之症、患有精神分裂症等；三是爱情与婚姻。现在自杀还呈现出年轻化的特点，为此作为法医工作者了解社会自杀的原因，对于今后自杀的干预及其自杀后原因分析有极其重要的作用。

二十四　杀伤

原典

凡被人杀伤死者，其尸口眼开，头髻宽或乱，两手微握[①]，所被伤处要害分数较大，皮肉多卷凸。若透膜，肠脏必出。

其被伤人，见行凶人用刃物来伤之时，必须争竞，用手来遮截，手上必有伤损。或有来护者，亦必背上有伤着处。若行凶人于虚怯要害处一刃直致命者，死人手上无伤，其疮必重。若行凶人用刃物斫着脑上、顶门、脑角、后发际，必须斫断头发，如用刀剪者。若头顶骨折，即是尖物刺着，须用手捏着其骨损与不损。

若尖刃斧痕，上阔长，内必狭。大刀痕，浅必狭，深必阔。刀伤处，其痕两头尖小，无起手、收手[②]轻重。枪刺痕，浅则狭，深必透簳，其痕带圆。或只用竹枪、尖竹担斡着要害处，疮口多不齐整，其痕方圆不等。

凡验被快利物伤死者，须看原着衣衫有无破伤处，隐对痕，血点可验。又如刀剔伤，肠肚出者，其被伤处，须有刀刃撩划三两痕。且一刀所伤，如何却有三两痕？盖凡人肠脏盘在左右胁下，是以撩划着三两痕。

注释

①两手微握：本节说的杀伤应是使用锐器、钝器的他杀伤。他杀的尸体口、眼不一定张开，自杀的也不一定不张开，两手握拳与否跟自他杀亦无必然联系。正常尸织缺血，切开组织血色贫乏，肌肉颜色较浅（不是白），在底下部位切，有血水渗出，肌肉颜色较深，经水洗，血可去，肌肉颜色会浅些。生前伤口有凝血现象，死后伤口即无此现象。这段区别生前与死后伤的内容是科学的。

②起手、收手：是指收刀、入刀的动作。

译文

凡是被人杀死的，尸体口、眼张开，头髻松散或纷乱，两手半握拳，被伤部位的要害伤口尺寸较大，皮肉多半卷凸，如果凶器穿透肚皮，肚肠必然冒出来。

被害人看到行凶人用利器来击刺的时候，必然会抵抗争斗，手来挡截，手上就必有伤损；或者有人来掩护的，背上也必定有伤着的地方。如果行凶人只在被害人要害部位捅一刀便直接致死的，死者手上没有伤，其创伤必定很重。如果行凶人用利器砍在被害人头上顶门、脑角、后发际，必然要砍断头发，就像用剪刀剪的样子。如果头顶骨折，就是尖利的物件刺着的，用手捏住该处头骨验看破损与不破损。

如果是尖头刀、斧头砍的，伤口外部

又宽又长，伤口内面必定狭窄。大刀砍的伤痕，伤口浅的必定狭窄，伤口深的必定宽阔。伤的地方，其伤痕两头尖小，没有起手、收手的轻重分别。枪刺的伤痕，伤口浅的就狭窄，伤口深的必定连枪杆都透入，其伤痕带圆形。或只用竹枪、尖竹扁担刺着要害部位，创口大多不整齐，形态不一。

凡是检验被锋利的物件刺死的尸体，要看死者原来穿着的衣衫上有没有破损的地方，靠近伤痕的地方，有血迹可验。又如刀挑伤，肚肠冒出的，肠子受伤的部位必有刀刃刺割的两三处伤痕。只是被一刀刺伤，怎么会有两三处伤痕呢？因为人的肚肠都盘在左右肋下，所以一刀便会刺割出两三处伤痕。

原典

凡检刀枪刃斫剔，须开说：尸在甚处？向当着甚衣服？上有无血迹？伤处长、阔、深分寸，透肉不透肉？或肠肚出，背膜出，作致命处。仍检刃伤衣服穿孔。如被竹枪、尖物剔伤致命，便说：尖硬物剔伤致死。

凡验杀伤，先看是与不是刀刃等物，及生前死后痕伤。如生前被刃伤，其痕肉阔，花纹交出[①]；若肉痕齐截，只是死后假作刃伤痕。如生前刃伤，即有血汁，及所伤痕疮口皮肉血多花鲜色，所损透膜即死。若死后用刀刃割伤处，肉色即干白，更无血花也（盖人死后血脉不行，是以肉色白也）。此条仍责取行人定验，是与不是生前、死后伤痕。

活人被刃杀伤死者，其被刃处皮肉紧缩，有血荫四畔。若被支解者，筋骨皮，肉稠粘，受刃处皮肉骨露。

死人被割截，尸首皮肉如旧，血不灌，被割处皮不紧缩刃尽处无血流，其色白。踪痕下有血，洗检[②]挤捺，肉内无清血出，即非生前被刃。

注释

① 花纹交出：是对刀插入肌肉所表现的肌膜、脂肪、疏松组织的颜色呈现。

② 洗检：区别生前与死后伤的检验方法。生前伤口有凝血，周围组织间隙亦被浸染（血荫），洗不掉；死后伤口即使有血，水洗即掉。

译文

凡是检验刀口砍伤、枪尖刺伤的，在验尸报告上要写明：尸体在什么地方，处于什么位置和方向，穿什么衣服，衣服上有无血迹，伤口长、阔、深的尺寸，透肉不透肉；或肚肠冒出，还是连肠膜也流出，验出致命的地方。还要检验伤口处的衣服有无穿孔。如果是被竹枪、尖硬的东西刺伤致命，便写上是尖硬的东西刺伤致死。

凡是检验杀伤的尸体，先看是不是有刀刃等利器杀伤，以及是生前还是死后伤。如果是生前被有刀刃的利器杀伤，其伤口开阔（皮肉收缩不一），花纹交错；如果刀痕处皮肉齐整，就是死后假作的刀刃伤痕。如果是生前的刃伤，就会有血水，以及所伤的创口皮肉上有许多鲜红色的凝血块，伤透动脉管的就会死亡。如果是死后用刀刃割伤的，伤处肉色就干白，而且没有凝血块。因为人死后血液不流通，所以肉色发白。这一条要责成检验人员验定，是生前伤还是死后伤。

被刀刃杀伤死亡的，被刀刃伤着的地方皮肉收缩紧固，四周有血荫。如果是被支解而死的，死者筋骨皮肉黏稠，受刀的地方皮肉紧缩，骨头露出。

死后被支解割截的，尸体皮肉跟原来一样，不形成血荫，被割的地方皮肤不紧缩，刀刃收口处没有血液流出，肉色发白。假使创痕下有血迹，要洗掉后再检验，用力挤按，如果肉内没有清血流出，这就不是生前被刀刃所杀伤的。

原典

更有截下头者，活时斩下，筋[①]缩入；死后截下，项长，并不伸缩。

凡检验被杀身死尸首，如是尖刃物，方说“被刺要害”；若是齐头刃物，即不说“刺”字。如被伤着肚上、两肋下、或脐下，说长阔分寸后，便说“斜深透内脂膜[②]，肚肠出，有血污，验是要害，被伤割处致命身死”。若是伤着心前、肋上，只说“斜深透内，有血污，验是要害致命身死”。如伤着喉下，说“深至项，锁骨损，兼周迴所割得有方圆不齐去处，食系、气系并断，有血污，致命身死”。可说“要害处”。如伤着头面上或太阳穴、脑角、后发际内，如行凶人刃物大，方说骨损；若脑浆出时有血污，亦定作要害处致命身死。如斫或刺着沿身不拘那里，若经隔数日后身死，便说“将养[③]不较，致命身死”。

凡验被杀伤人，未到验所，先问原申人：曾与不曾收捉得行凶人？是何色目人？使是何刃物？曾与不曾收得刃物？刃物如收得，取索看大小，着纸画样；如不曾收得，则问刃物在甚处？亦令原申人画刃物样。画讫，令原申人于样下书押字。更问原申人：其行凶人与被伤人是与不是亲戚？有无冤仇？

注释

①筋：广指肌腱、肌膜、大神经束、大血管等弹性韧性都较大的组织，狭指肌腱。有生活机能的筋，有一定的紧张性，一旦中断，顺纤维走向收缩显著，失去生活机能后中断，收缩轻微。

②脂膜：指腹腔内的网膜，有大网膜、小网膜，为大量脂肪组织。

③将养：在这里应理解为抢救、调治。

译文

还有将死者的头颅割下来的。如果是活着的时候砍下的，筋腱缩进皮肉；如果是死后截下的，颈项跟原来一样长，并不收缩。

凡是检验被杀死亡的尸体，如果凶器是尖利的物件，就说：“被刺要害；如果是平头的刃器，就不说“刺”字。如果被伤的是腹部、两肋下或者脐下，在说清伤口的长、宽尺寸后，要说“伤口倾斜，深透体内脂膜，肚肠冒出，有血污，经验明确是要害部位被伤割，致命而死亡”。如果被伤的是胸前、肋上，只说“伤口倾斜，深透体内，有血污，经验明确是要害致命而死亡”。如果伤在喉颈，要写明“伤口深至颈项，锁骨受损，兼有周围被割伤有方圆不整齐的地方，食管、气管都被割断，有血污，致命死亡”。也可以写为：是要害部位。如果是伤在面部或太阳穴、脑角、后发际等处，假使行凶人用的刀刃大，才可写明骨头受损；如果脑浆流出，有血污，也验定为要害部位致命身死。如果是砍着或刺着全身不管哪里，若是隔了几天以后才死亡，便写作：“调治无效，致命身死”。

凡是检验被杀伤的人，没有到达检验现场以前，要先讯问原报案人，是不是捉拿到了凶手？凶手是什么身份？使用什么凶器？是否已经收缴？凶器如果已经收缴，就要索取验看它的大小，并在纸上画出图样；如果没有收缴到凶器，要问凶器在什么地方，也要责令原报案人画出凶器图样。画好了，责令原报案人在图样上签字画押。还要询问原报案人，行凶人与被伤害人是不是亲戚？有没有冤仇？

杀伤的鉴定

古人所指的杀伤就是用锐器、钝器伤人，偏重于刀伤。枪伤的论述，是指古代长矛之类的兵器。古人对这类致死案，从死者的表情、创伤口的形状及大小进行解读，在论述“花纹交出”时，表现出很高的智慧。

从现代解剖学的角度看，被锐器所伤，皮肤、肌肉纤维收缩，各纤维束粗细不同，收缩程度不同，创伤面出现的各组织之断面看似整齐，但是又有参差不齐的现象呈现，加之肌肉、肌膜、脂肪、疏松组织的颜色不一样，所以呈现花纹交错状，这就是所谓的“花纹交出”。

现代法医将刀伤列为锐器伤人一类，对此鉴定更细化，根据皮肤和皮下组织的开放性创口的大小、形态、深度、出血多少、皮下肌肉纤维的走向及颜色、皮下创口肌肉纤维的光滑度，以及深部器官的损伤程度等进行鉴定，并且能够对切伤、砍伤、刺伤等迅速做出分辨。刀伤鉴定的部位从头部、身躯、腿部等进行区分，有轻重的划分标准和尺寸，有致残、致死的分类等。

二十五　尸首异处

原典

凡验尸首异处，勒家属先辨认尸首。务要仔细打量尸首顿处四至。讫，次量首级离尸远近，或左、或右，或去肩脚若干尺寸。支解手臂、脚腿，各量别计，仍各写相去尸远近。却随其所解肢体与尸相凑[①]，提捧首与项相凑。围量分寸一般，系刃物斫落。若项下皮肉卷凸，两肩井耸[②]皮皱，系生前斫落；皮肉不卷凸，两肩井不耸皱，系死后斫落。

注释

①相凑：即衔接，检验被支解尸块的方法。被锐器支解的尸块，断面一般比较平整，能比较吻合的拼接。生前砍断的，皮肉收缩现象明显。现代法医学对尸块的检验，除拼接外，还注重身高、性别、年龄的判断及检验血型、DNA 等，为查清死者身份提供资料。

②肩井耸：肩胛骨凸出，生前砍颈首落，躯干端软组织收缩，骨头外露，如砍位低，肩部皮肤削除，肩胛骨高耸。砍位高，则不应有此现象。

译文

凡是检验身体和头颅不在一处的尸体，要让死者的家属先辨认尸体。务必要仔细丈量尸身放置现场的四周界物距离。量完后，再量头颅距离尸身的远近，是在尸身的左面还是右面，距离肩膀、腿脚多少尺寸。被支解手臂、腿脚的，要分别量出各自的距离，仍然要写下各自距离尸身的远近。还要按照被支解肢体的原位置与尸身相拼凑，将头颅与头颈相拼凑，量出颈围尺寸。能衔接上的头颅，一般都是被锋刃的利器砍下来的。如果头颈上皮卷肉凸，两肩井骨耸、皮脱，就是生前被砍落的；如果头颈上皮不卷、肉不凸，两肩井骨不耸、皮不脱，那是死后被砍落的。

头颅和身体分开后死者身份的确认

头颅和身体分开了，这种案件比较残忍，这在尸检的案件中也有一定的检验难度。在古代的科技不发达的条件下主要采用了拼接法，就是找到头颅和身体后，根据各自的缝隙进行拼凑和对接，在这个过程中根据结合的程度和皮肉伤及的程度断定是生前杀死还是死后杀死的。身份的确认主要采取了指认的方法。如果头颅腐烂就无法确认死者身份了。此类案件在现代司法实践中也经常遇到，应用现代科学手段，要在不同部位取样，进行 DNA 检验，这才是认定的最终标准。采取 DNA 与血型鉴定、比对确定头颅和身体是否是同一个人的，如果能被指认出来的就无需进行下一步死者身份的确认，否则还要通过 DNA 比对寻找死者的真实身份。

二十六　火死

原典

凡生前被火烧死者，其尸口鼻内有烟灰①，两手脚皆拳缩②。（缘其人未死前被火逼奔挣，口开气脉往来，故呼吸烟灰入口鼻内）若死后烧者，其人虽手足拳缩，口内即无烟灰。若不烧着两肘骨及膝骨，手脚亦不拳缩。

若因老病失火烧死，其尸肉色焦黑或卷，两手拳曲，臂曲在胸前，两膝亦曲。口眼开，或咬齿及唇，或有脂膏黄色突出皮肉③。

若被人勒死抛掉在火内④，头发焦黄，头面、浑身烧得焦黑，皮肉搐皱，并无暗浆皶皮去处，项下有被勒着处痕迹。

译文

凡是生前被火烧死的人，其尸体口腔、鼻孔里面有烟灰，四肢卷曲，因为死者没死前，被火烧逼迫，必然奔走挣扎，嘴巴张开，呼吸急促，所以把烟灰吸进口腔、鼻孔内口。如

注释

① 烟灰：生前火烧，吸进烟灰。古代尸体检验已注意到口腔、鼻孔有无烟灰，以此判断是生前还是死后被烧，这是很了不起的。不过死后烧，烟灰也可飘落入口腔、鼻腔。法医学认为是须检验到气管（深度）以下有烟灰炭末，才能认定生前烧。

② 拳缩：指四肢屈曲，又称拳斗姿势。由于高温作用，四肢肌肉热凝固收缩，牵动关节，主管屈曲的肌肉比管伸展的肌肉强，故四肢屈曲。四肢生前烧或死后肌肉未腐烂时烧，都可出现。

③ 有脂膏黄色突出皮肉：指高温作用，脂肪溢出的征象。这段描述的征象都是高温作用时间较长，皮肉收缩较严重的结果，很难以此判断被烧者就是老年有病的人。

④ 勒死抛掉在火内：投尸人用火焚烧，头发易燃，很快灰化，不呈焦黄。没有起泡脱皮的说法亦不全面。死后烧，由于皮下蒸汽作用，表皮鼓气成泡，接着鼓起处先烧焦，也有的鼓起后回落，未进一步烧，表皮成皱纸样，亦有的鼓气后破裂，表皮呈脱落状。颈部能否检验到勒痕问题，则要看烧的程度，如果表皮烧焦，真皮、皮下干硬变脆，经技术处理，也可检见原有的勒痕。

果是死后被烧的，尸体虽然也手足拳缩，但口腔里无烟灰。如果没烧着两肘骨及膝骨，手脚也不拳缩。

如果是由于年老有病（房屋）失火被烧死的，尸体肉色焦黑并踡缩，两手拳曲，手臂弯曲在胸前，两膝也弯曲，口眼张开，有的死者咬着牙齿及嘴唇，有的有黄色脂膏凝结凸起在皮肉上面。

如果是被人勒死后抛入火内焚烧的，尸体头发焦黄，头面和全身烧的焦黑，皮肉缩卷，但没有起泡脱发的地方，头颈上有被勒过的痕迹。

原典

又若被刃杀死，却作火烧死者，勒仵作拾起白骨，扇去地下灰尘，于尸首下净地上，用釅米醋酒泼①，若是杀死，即有血入地，鲜红色。须先问尸首生前宿卧所在，却恐杀死后移尸往他处，即难验尸下血色。

大凡人屋，或瓦或茅盖，若被火烧，其死尸在茅瓦之下。或因与人有仇，乘势推入烧死者，其死尸则在茅瓦之上。兼验头足，亦有向至。

如尸被火化尽，只是灰，无条段骨殖者，勒行人、邻证供状："缘上件尸首或失火烧毁，或被人烧毁，即无骸骨存在，委是无凭检验。"方与备申。

凡验被火烧死人，先问原申人：火从何处起？火起时其人在甚处？因甚在彼？被火烧时曾与不曾救应？仍根究曾与不曾与人作闹？见得端的，方可检验。

或检得头发焦拳，头面连身一概焦黑。宜申说："今来无凭检验本人沿身上下有无伤损他故，及定夺年颜形状不得。只检得本人口鼻内有无灰烬，委是火烧身死。"如火烧深重，实无可凭，即不要说口、鼻内灰烬。

注释

①醋酒泼：这种检验被烧现场血迹的方法有些道理。被锐器杀死的，一没有血流，浸入地下，火烧后，血迹受热固缩，颜色变成黑褐，与被烧地面反差不大难检见，经醋、酒浇浸后，血迹膨胀，颜色暗褐（不会鲜红），呈现血迹。

译文

还有如果被刀刃杀死，却投入火中焚烧，伪装成被火烧死的，应当命令检验人员捡起白骨，扇去地上的灰尘，在尸体下面扇干净的地面上，用浓醇的米醋与酒浇泼进行检验。如果是生前被杀死的，现场会有血流入地下，经浇泼米醋、酒后，就会呈现出鲜红色血迹。但必须先要问清死者生前睡卧的地方，如果死者被杀死后已经移尸到别的地方，就难以通过尸身睡卧地面上的血迹的

颜色的检验，来验定是生前死亡还是死后焚尸了。

一般人住的房屋，或者是瓦盖的，或者是茅草盖的，如果遭到火烧，死者尸体必定盖在茅草、瓦片之下。有的人因为与人有仇，被仇人乘势推入火中烧死的，他的尸体就躺在茅草、瓦片之上。同时还要检验尸体的头脚，因为这里也有被推入的特定的朝向、位置的问题。

如果尸体已被火烧尽，仅仅剩下骨灰而无成条成块的骨头的，要勒令检验人员、邻居、证人写出证明：由于上件尸体或失火烧毁，或被人烧毁，没有骸骨存在，确实是无从检验。这才能向上级备文申报。

凡是检验被火烧死的人，先要问明原报案人，火是从什么地方起来的？火起时死者在什么地方？为什么待在那个地方？火烧时是不是抢救过？还要彻底查清死者生前是否与人争斗过，查究确实，才可检验。

或者检验的被烧尸体的头发已焦卷，头部以及身体一概焦黑。验尸报告上应写明：“现已无法验明死者全身上下有无伤损和其他伤亡缘故，以及无法确定死者年龄、容貌、体形等。只检验到死者口鼻内有灰烬，确实是被火烧死的”。要是尸体被烧得厉害，实在没有什么可检验的，就连口鼻内有灰烬都不要说。

烧死者的尸检

火烧死人的案例不胜枚举，古人对烧死、假装烧死以及无法尸检的烧焦的情况进行了论述，古人根据鼻腔、口腔之内的草木灰判定火烧死人的方法很是了不起。另外古人对火烧检验的勘察及记录实在令今人称道。特别是用醋酒泼来鉴定火烧现场的血迹的方法很有科学道理，因为火烧后血迹固缩，颜色变黑，与地面的反差不大，难以检验，经过醋酒的燃烧后，血迹膨胀，颜色改变，检查就容易多了。由于现代的火灾致死已经远超出草木的燃烧，可燃物质太多了，因此对烧死和焚尸有了更为科学的鉴定方法。可以根据皮肤局部是否有生理特征判断是否是烧死或者焚尸；可以根据人的睫毛是否有鹅爪状改变判定是否是烧死或者焚尸；或者根据气管或者大支气管有无积碳判定是否是烧死或者自焚；可以根据呼吸道是否有呼吸综合症判定是否是烧死或者自焚；可以根据肺是否有休克表现判定是否是烧死或者自焚；可以根据心脏及深部大血管血液是否有一氧化碳判定是否是烧死或者自焚；可以根据烧伤组织的活性酶是否增高判定是否是烧死或者自焚；可以根据是否有其他致死原因分析是否是烧死或者自焚等等。现代的鉴定方法综合运用，检查结果更精准。

二十七　汤泼死

原典

凡被热汤泼伤者，其尸皮肉皆拆，皮脱，白色。着肉者，亦白，肉多烂赤。如在汤火内，多是倒卧，伤在手足、头面、胸前。如因斗打，或头撞、脚踏、手推在汤火内，多是两后脉与臀腿上。或有打损处，其疱不甚起，与其他所烫不同①。

注释

① 其他所烫不同：先伤后烫，先打伤，在打伤的地方再烫。如果打伤严重，组织坏死，循环障碍，被烫时局部反应（尤其水泡期反应）强烈程度会比正常部位稍差。

译文

凡是被滚水泼烫伤而死的，尸体上的皮肉全部开裂，皮肤脱落，皮色发白，直接烫着肉的地方也呈白色，大多烫溃烂，呈鲜红色。如果是跌进正烧着的滚水中，大多数人是倒卧下去，烫伤的部位主要在手脚、头脸、胸前。如果是由于与人打斗，被头撞、脚踢、手推而掉入滚水中的，一般是烫伤在两后腿弯和臀部、大腿上。如果有被人打伤的部位再被烫伤，皮肉上面一般不再发生烫泡，与其他地方被烫时的症状不相同。

烫死的尸体检验

汤泼致死这在古代是很平常的例子，古代法律严酷，有汤烙之刑，因此古代致死人的汤泼方法很常见。古代对此类尸体检验注重表象的观察，多数都是经验加理论的总结，虽然对颜色、受伤部位及与其他伤势的区分进行了总结，但是还是有一定的局限性的。现代法医理论更注重汤泼伤的精准性。现代法医认为汤泼死即高温液体烫死。烫的程度与烧一样可分四级。一级是皮肤充血变红，称红斑性烫伤（充血期），治愈后不遗痕迹。二级是表皮鼓气成泡，泡内充满淡黄色液体，泡周围红肿，称水泡性（期）烫伤，临床上又分浅深。治愈后较轻的有色素沉着，较重的有斑痕。三级是皮肤下组织凝固坏死，表皮可成片脱落，常有焦痂，治愈后斑痕严重，需植皮。四级是皮肉膨胀软化，如火烧的呈干固脆酥，称为炭化。所以烫死的尸体不一定皮肉全裂开，皮肤也不一定脱落，视程度而定。

二十八 服毒

原典

凡服毒死者，尸口眼多开，面紫黯或青色，唇紫黑，手、足指甲俱青黯，口、眼、耳、鼻间有血出[①]。

甚者，遍身黑肿，面作青黑色，唇卷发疱，舌缩或裂拆，烂肿微出，唇亦烂肿或裂拆，指甲尖黑，喉、腹胀作黑色生，身或青斑，眼突，口、鼻、眼内出紫黑血，须发浮不堪洗，未死前须吐出恶物或泻下黑血，谷道肿突，或大肠穿出[②]。

有空腹服毒，惟腹肚青胀，而唇、指甲不青者；亦有食饱后服毒，惟唇、指甲青而腹肚不青者；又有腹脏虚弱老病之人，略服毒而便死，腹肚、口唇、指甲并不青者，却须参以他证。

生前中毒而遍身作青黑，多日，皮肉尚有，亦作黑色。若经久，皮肉腐烂见骨，其骨黪黑色[③]。

注释

① 有血出：服毒死的人，口、鼻、眼、耳中流血，即所谓七窍流血。

② 大肠穿出：即直肠脱出，称脱肛。中毒后腹泻严重的(如砒霜中毒)，有可能脱肛，但很少见。这段描述的征象，符合高度腐败的尸体征象（包括肛突、脱肛），不应是中毒征象。可能是把正常的尸变征象与中毒混淆了。中毒严重的，全身发黑肿胀；脸面为青黑色；嘴唇翻卷起疮；舌头内缩或开裂，肿烂后稍微伸出；嘴唇也会肿烂或开裂。

③ 黪黑色：砒霜等中毒，致全身脱水、缺氧者，皮肤可出现青紫，但现代法医学未发现急性中毒死亡骨骼变成浅青黑色的。慢性、急性铅中毒，骨骼颜色可变成这种颜色。

译文

凡是服毒死的，尸体的口、眼大多张开，脸面呈青黑色或青色，嘴唇紫黑，手脚的指甲都是青黑色，有的尸体口、眼、耳、鼻有血水流出。

中毒严重的，全身发黑肿胀；面为青黑色，嘴唇翻卷起疮；舌头内缩或开裂，肿烂后稍微伸出；嘴唇也会肿烂或开裂；指甲尖发黑；喉部、腹部肿胀，呈黑色、起疮，身上或有青斑；眼球凸出；口、鼻、眼内流出紫黑色血液；胡须、头发凌乱，不能梳洗；临死前必定呕吐出脏东西或泻下黑血，肛门浮肿凸出，有的人大肠头也脱出。

有的人空腹服毒，只是腹部发青肿胀，而嘴唇、指甲不发青；也有的人吃饱后服毒，只有嘴唇、指甲发青而腹部不发青；又有肠胃虚弱久病的人，稍微服一点点毒药就死亡，而腹部、嘴唇、指甲都不发青。在检验时，对于这些情况应该参照其他旁证验定。

生前中毒的，尸体全身呈青黑色，即使经隔多天，只要皮肉尚存，仍呈青黑色。如果间隔时间太久，皮肉会腐烂到露出了骨头，骨头是浅青黑色的。

原典

死后将毒药在口内假作中毒[①]，皮肉与骨只作黄白色。

凡服毒死或时即发作，或当日早晚；若其药慢，即有一日或二日发。或有翻吐或吐不绝。仍须于衣服上寻余药，及死尸坐处寻药物器皿之类。

中虫毒[②]，遍身上下、头面、胸心并深青黑色，肚胀或口内吐血，或粪门内泻血。

鼠莽草[③]毒，（江南有之）亦类中虫，加之唇裂，齿龈青黑色，此毒经一宿一日，方见九窍有血出。

食果实、金石药[④]毒者，其尸上下或有一二处赤肿，有类拳手伤痕，或成大片青黑色，爪甲黑，身体肉缝微有血，或腹胀，或泻血。

酒毒，腹胀或吐、泻血。

砒霜、野葛[⑤]毒，得一伏时，遍身发小疱，作青黑色，眼睛耸出，舌上生小刺疱、绽出，口唇破裂，两耳胀大，腹肚膨胀，粪门胀绽，十指甲青黑。

注释

① 假作中毒：死后灌毒进口，不会被吸收入血，不会损害全身。

② 蛊毒：有毒昆虫毒素作用。有的可引起腹胀（如河豚毒），有的可致全身缺氧，皮肤青紫，呕吐、腹泻，泻物带血。皮肤接触处出现水泡，溃烂。

③ 鼠莽草：草纲，又叫莽草，有毒植物。其毒素有溶血作用，中毒后全身有出血现象，口鼻孔可以有血水流出。

④ 金石药：泛指各种矿物质类药物，如丹砂之类。

⑤ 野葛：又称断肠草、胡蔓草、火把花、钩吻，多年生蔓藤，有毒成分为钩吻碱。剧毒，成人服四克叶或嫩叶四片即可致命。中毒时喉干、声哑、呼吸困难、复视、全身缺氧，皮肤可出血点。

译文

人死后再将毒药灌进他的口中伪装中毒死亡的，皮肉与骨头仅呈现黄白色。

凡是服毒死亡的，有的人当时就发作，有的一天之内才发作，如果毒性慢，也有隔一天或两天后才发作的。发作时有的人反胃呕吐，甚至不能止歇。检验这类尸体还应该在死者衣服中寻找吃剩下的毒药，以及在死者坐卧的地方寻找药物和服药用的器皿之类的东西。

中虫毒的，全身上下、头脸、胸前都呈深青黑色，肚腹肿胀，或者口中吐血，或者肛门泻血。

中鼠莽草毒的（江南有这种草），也类似中虫毒的症状，只是再加上嘴唇开裂，齿龈青黑色。中此毒的要经过一天一夜才出现九窍流血的症状。

吃植物果实、金石药物中毒死的，尸体上下有一两处红肿，有类似拳头打击的伤痕，有的形成大片的青黑色，指甲发黑，身上毛孔微有血出，有的腹部肿胀，有的肛门泻血。

中酒毒的，腹部肿胀，有的吐血、泻血。

中砒霜、野葛毒的，可以经过一伏时才发作，尸体全身发出青黑色的小疮，眼睛凸出，舌头上生出小刺疮并裂开，嘴唇破裂，两耳肿大，腹部膨胀，肛门肿胀凸出，十指甲青黑。

原典

金蚕[①]蛊毒，死尸瘦劣，遍身黄白色，眼睛塌，口齿露出，上下唇缩，腹肚塌。将银钗验，作黄浪色，用皂角水洗不去。

一云如是，只身体胀，皮肉似汤火起，渐次为脓，舌头、唇、鼻皆破裂，乃是中金蚕蛊毒之状。

手脚指甲及身上青黑色，口鼻内多出血，皮肉多裂，舌与粪门皆露出，乃是中药毒、菌蕈[②]毒之状。

如因吐泻瘦弱，皮肤微黑不破裂，口内无血与粪门不出，乃是饮酒相反之状。

若验服毒，用银钗[③]皂角水揩洗过，探入死人喉内，以纸密封，良久取出，作青黑色。再用皂角水揩洗，其色不去；如无，其色鲜白。

如服毒中毒死人，生前吃物压下入肠脏内，试验无证，即自谷道内试，其色即见。

凡检验毒死尸，间有服毒已久，蕴积在内，试验不出者，须先以银或铜钗探入死人喉，讫，却用热糟醋自下罨洗，渐渐向上，须令气透，其毒气熏蒸，黑色始现。如便将热糟醋自上而下，则其毒气逼热气向下，不复可见。或就粪门上试探，则用糟醋当反是。

注释

① 金蚕：又称食棉蚕，毒虫，躯壳磨粉可制成毒末。

② 菌蕈：真菌芽孢繁殖而生成蘑菇之类。

③ 用银钗：指的是银钗验毒，银钗遇到硫化物、硝化物能起反应，生成黑色物质。

译文

中金蚕蛊毒死的，尸体瘦弱，全身呈黄白色，眼睛塌陷，牙齿露出，上下嘴唇收缩，腹肚塌凹，用银钗检验，呈黄浪色。银钗上的黄浪色，就是用皂角水也擦洗不掉。

又一种说法是这样的：只是身体肿胀，皮肉如滚水烫伤一样起了很多水疮，逐渐化为脓水，舌头、嘴唇、鼻子全都破裂，这就是中金蚕蛊毒的症状。

尸体手脚指甲及身上呈青黑色，口腔、鼻孔中一般都有血水流出，皮肉大多开裂，舌头与肛门都突露在外面，这就是中药毒、菌蕈毒的症状。

如果死者吐泻瘦弱，皮肤微黑不破裂，口腔中没血，肛门不凸出，是喝酒过度的症状。

如果检验疑为服毒死亡的尸体，将用皂角水揩洗过的银钗，伸进死者的咽喉中，再用纸密封住嘴巴，隔较长的时间取出。此时银钗呈青黑色。再用皂角水将银钗揩洗一遍，如确是中毒，银钗上的青黑色揩洗不掉；如不是中毒，银钗青黑色褪去，变得又鲜白了。

如果是服毒、中毒死的人，生前吃的食物已把毒物压到肠胃里去了，银钗探入咽喉，试验不出中毒症状，这就要将银钗塞入肛门中试验，银钗上的青黑色就可呈现出来。

凡检验被毒死的尸体，其中有的服毒已久，毒素蕴藏积聚在体内深处，银钗试验不出的，应先用银钗或铜钗伸入死者的咽喉中，然后再用热糟、热醋从下腹开始敷洗，逐渐向上，使热气透入尸腹，毒气便被熏蒸上来，银钗上才会显现出黑色来。如果开始就用热糟、热醋从上而下敷洗，那么热气便会逼迫毒气向下行，咽喉中的银钗就再也不能显现出黑色。或者在尸体肛门中用银钗试探，那么用糟醋敷洗的方向就应该自上而下。

原典

又一法，用大米或占米三升炊饭，用净糯米一升淘洗了，用布袱盛，就所炊饭上炊馈。取鸡子一个（鸭子亦可）打破，取白拌糯米饭，令匀。依前袱起，着在前大米、占米饭上。以手三指紧握糯米饭如鸭子大，毋令冷，急开尸口，齿外放着。及用小纸三、五张，搭遮尸口、耳、鼻、臀、阴门之处。仍用新绵絮三、五条，酽醋三、五升，用猛火煎数沸，将绵絮放醋锅内煮半时，取出。仍用糟盘罨尸，却将绵絮盖覆。若

译文

又一种方法：用大米或黏米三升煮成饭。用纯糯米一升淘洗好，用布包起来，放到所烧的饭上蒸熟。取一个鸡蛋（鸭蛋也可以）打破，将蛋清在糯米饭里拌匀，仍旧像原来一样包好，放在原来的大米或黏米饭上面。然后用三个指头将糯米饭捏成鸭蛋一般大小的饭团，迅速掰开尸者的嘴巴，趁热放在牙齿外面，再用小纸片三五张，搭盖住尸体的口、耳、鼻、肛门和阴户等部位。还要用三五条新棉絮，浓醋三五升，以大火将醋煎几滚，把棉絮放入醋锅内煮半个时辰取出，仍用酒糟四周拥敷尸体，并拿棉絮覆盖。如果死者是生前被毒死的，尸体就肿胀，口内有黑臭的脏液喷到棉絮上，使人不能靠近，然后拿

是死人生前被毒，其尸即肿胀，口内黑臭，恶汁喷来绵絮上，不可近。后除去绵絮，糯米饭被臭恶之汁，亦黑色而臭，此是受毒药之状①；如无，则非也。试验糯米饭封起，申官府之时，分明开说。此检验诀，曾经大理寺看定。

广南人小有争怒，赖人，自服胡蔓草②，一名断肠草，形如阿魏，叶长尖，条蔓生，服三叶以上即死。干者，或收藏经久，作末食亦死。如方食未久，将大粪汁灌之，可解。其草近人则叶动，将嫩叶心浸水，涓滴入口即百窍溃血。其法：急取抱卵不生鸡儿，细研和麻油，开口灌之，乃尽吐出恶物而苏，如少迟无可救者。

注释

① 在今天看来，这种方法不科学的。

② 胡蔓草：就是野葛。

去棉絮。糯米饭被臭脏液汁沾染后，也变为黑色而臭不可闻。这是被毒药毒死的症状，如果没有这些症状，就不是被毒药毒死的。用来试验是否中毒的糯米饭要装封好，申报官府的时候，要在报告上详细写清楚。这种检验方法，曾经过大理寺审定认可。

广南人稍有争斗，就怀恨而诬赖对方，自服胡蔓草。胡蔓草又名断肠草，形状像阿魏，叶长而尖，枝条蔓生，服了三张叶子以上的即死。枯干的或收藏日久的胡蔓草，研作粉末吃了也会死。如果是刚吃胡蔓草不久，拿大粪汁给中毒的人灌下，可以解毒。这种草，当人走近它时，叶子就会摆动，拿它的嫩叶心浸泡的水，只要一小点滴入口中就会百孔流血。解救中胡蔓草毒的方法：马上取来抱孵而没孵化出来的蛋中鸡儿研细，用麻油拌和，掰开中毒人的口灌下去，于是尽吐出脏臭液汁而苏醒过来，如果稍微迟缓，就无法救了。

毒药致死的检验

古人就中毒尸体表现状、中毒的种类、真假中毒的分辨等进行了论述，其中银钗验毒的方法在电视剧及小说里经常看到。但是中毒七窍流血及脸色青黑的说法不准确，从毒理角度看，只有少数毒物中毒后有出血现象，但没有七窍流血。古代较常见的毒物砒霜（三氧化二砷）中毒，即无七窍流血。现在卫生工作上较常用的有机合成毒鼠药，让鼠中毒后，经过一两天，七窍可以有少量血液流出，全身皮肤亦有血点，但这种毒药古代尚不能生产。至于中毒后脸色青黑，也只有部分毒物中毒后，由于组织缺氧，或血液变性（低铁血红蛋白变成高铁），出现面色青紫或灰紫的现象。

服毒也是今天致人死亡的方法之一。通过今天的科学方法很快就能鉴别出真假中毒死亡或者鉴定中的什么毒。光绪皇帝的死因曾经成为近代史上的一桩迷案，为了验证光绪帝是否中毒，现代法医及考古专家利用“中子活化”“X 射线荧光分析”“原子荧光光度”“液相色谱 / 原子吸收联用”等一系列现代专业技术研究手段，通过对比、模拟实验进行双向推理、多维论证等工作，对光绪帝头发、衣服、遗骨等进行检测和研究，结果显示，光绪帝头发中含有高浓度的砷，其砷含量要超标几十倍乃至上百倍，也就是说光绪帝是中砒霜毒而死的。死去多年的中毒案子都能解读，对中毒尸检更不在话下。现代法医对于生活中有机磷中毒、一氧化碳中毒等通过生化技术很快就能破解，银钗验毒已成为历史，现在看来银钗验毒并不是完全正确的。

二十九　病死

原典

凡因病死者，形体羸瘦，肉色痿黄，口眼多合，腹肚低陷，两眼通黄，两拳微握，发髻解脱，身上或有新旧针灸瘢痕，余无他故，即是因病死。

凡病患求乞在路死者，形体瘦劣，肉色痿黄，口眼合，两手微握，口齿焦黄，唇不着齿。

邪魔中风卒死，尸多肥，肉色微黄，口眼合，头髻紧，口内有涎沫，遍身无他故。

卒死，肌肉不陷，口鼻内有涎沫，面色紫赤。盖其人未死时，涎壅于上，气不宣通，故面色及口鼻如此①。

译文

凡是因病死亡的人，尸体瘦弱，皮色枯黄，口、眼大多闭合，肚腹低陷，眼白发黄，两手半握拳，发髻散开，有的人身体皮肤有新旧针灸瘢痕，除此以外没有其他征象的，就是由于生病而死亡的。

凡是因生病死在路边的乞丐，他的尸体都很瘦弱，皮色枯黄，口、眼闭合，两手半握拳，牙齿焦黄，嘴唇不贴着牙齿。

因受风寒、风热而暴病死亡的，尸体大多肥胖，皮色微黄，口眼闭合，发髻整齐，口中有涎沫，全身找不到其他死亡征象。

突然死亡的，尸体肌肉不下陷，口、鼻内有涎沫，面色紫红。因为死者没死时，痰涎堵塞在气管上部，呼吸不能畅通，所以面色及口腔、鼻孔中有这样的现象。

注释

① 如此临死时呼吸衰竭，痰液不能排出，可堵塞喉腔，急救时要快速吸痰。心力衰竭、肺水肿的病人较为常见。

原典

卒中[①]死，眼开睛白，口齿开，牙关紧，间有口眼斜，并口两角、鼻内涎沫流出，手脚拳曲。

中暗风，尸必肥，肉多白色，口眼皆闭，涎唾流溢。卒死于邪祟，其尸不在于肥瘦，两手皆握，手足爪甲多青。或暗风如发惊搐死者，口眼多斜，手足必拳缩，臂腿手足细小，涎沫亦流。（以上三项大略相似，更须检时仔细分别）

伤寒死，遍身紫赤色，口眼开有紫汗流，唇亦微绽，手不握拳。

时气[②]死者，眼开口开，遍身黄色，略有薄皮起，手足俱伸。

中暑死，多在五、六、七月，眼合，舌与粪门俱不出，面黄白色。

冻死者，面色痿黄，口内有涎沫，牙齿硬，身直，两手紧抱胸前，兼衣服单薄。检时，用酒醋洗，得少热气，则两腮红，面如芙蓉色。口有涎沫出，其涎不粘，此则冻死证。

注释

①卒中：中风，泛指突然昏倒、口眼歪斜、言语困难或半身不遂等，外感风邪的病症。现代医学指脑溢血。颅内血管破裂出血，致颅内压增高，脑神经受压迫，出现麻痹症状，轻则出现如半身瘫痪，面神经障碍等症状，重则死亡。

②时气：指时疫，如鼠疫、霍乱等古代较常见的瘟疫。从皮肤黄、薄皮浮起的描述看，可能指霍乱。

译文

突然中风死亡的，尸体眼睛睁开、眼球翻白，唇开齿露，牙齿紧，其中有的人嘴巴眼睛歪斜，同时嘴巴两边角、鼻孔中有涎沫流出，手脚拳曲。

中暗风死亡的，尸体必定肥胖，皮肤大多像被水浸泡过似的发白，口、眼皆闭，口中涎唾流溢。因感邪气而突然死亡的，尸体不在于肥瘦，两手都握拳，手脚指甲一般都是青色。有的中暗风像受恐怖痉挛死的，口眼大多歪斜，手足必然拳缩，四肢细小，涎沫也从口中流出。以上三类死亡情形大略相似，必须在检验时仔细分别。

患伤寒病死亡的，尸体全身为紫红色，口眼张开，有紫色汗液流出，嘴唇也略开，手不握拳。

患时疫死亡的，尸体眼闭口开，全身皮肤色黄，微微有薄皮浮起，手脚都伸直。

中暑死亡的，大多发生在五、六、七等月份中，尸体两眼闭合，舌头与肛门都不凸出，面孔为黄白色。

冻死的，尸体面色枯黄，口中有涎沫，牙关紧闭，身体挺直，两手紧抱在胸前，而且死者衣服单薄。检验时，用酒、醋洗尸得到少许热气，尸首两腮就发红，面孔像芙蓉花的颜色。口中有涎沫流出，但涎沫不黏。这就是冻死的征象。

原典

饥饿死者，浑身黑瘦，硬直、眼闭、口开，牙关紧禁，手脚俱伸。

或疾病死，值春、夏、秋初，申得迟，经隔两三日，肚上、脐下、两胁肋骨缝，有微青色[①]；此是病患死后，经日变动，腹内秽污发作，攻注皮肤，致有此色。不是生前有他故，切宜仔细。

凡验病死之人，才至检所，先问原申人：其身死人来自何处？几时到来？几时得病？曾与不曾申官取责口词？有无人识认？如收得口词，即须问：原患是何疾病？年多少？病得几日方申官取问口词？既得口词之后几日身死？如无口词，则问：如何取口词不得？若是奴婢，则须先讨契书看，问：有无亲戚？患是何病？曾请是何医人？吃甚药？曾与不曾申官取口词？如无，则问不责口词因根据；然后，对众证定。如别无它故，只取众定验状，称说："遍身黄色，骨瘦，委是生前因患是何疾致死。"仍取医人定验疾色状一纸。如委的众证因病身死分明，原初虽不曾取责口词，但不是非理致死，不须牒请覆验。

注释

① 微青色：指尸体绿斑。

译文

饥饿而死的，尸体浑身黑瘦，僵硬挺直，眼闭口开，牙关紧闭，手脚都伸开。

有一种患疾病死亡的尸体，时间正值春、夏季及秋季之初，因为申报的迟误，隔了两三天才去检验，尸体的肚皮上、肚脐下、两胁肋的骨缝里已呈淡青色。这是尸体在经过几天后发生了变化，腹内污秽之气发作，影响到皮肤，从而有这种颜色。不是因为生前曾有其他缘故，务必仔细辨别检验。

凡检验因病死亡的尸体，一到检验现场，先要讯问原报案人，死者来自什么地方？什么时间到此？什么时候生病？有否申报官府录取口头陈述？有没有人认识？如已收缴到口词，就必须讯问死者原来患的是什么疾病？年龄多少？病了几天才报官？经讯问录取口头陈述的，取得口头陈述之后，又过了几天才死亡的？如果没有口头陈述，就要讯问：为什么没有取得口头陈述？如果是奴

婢，先要讨取契约文书验看，并讯问：有没有亲戚？患的是什么病？曾经请哪个医生医治？吃的是什么药？有没有报官录取口头陈述？如果没有，就要问不录取口头陈述的原因。然后，对着众证人验定。如果没有另外缘故，那就只要根据众人的证明填写检验报告，并写上：“尸体遍身黄色，骨瘦，确是生前因患某种疾病致死”就行了，但还要取得医生疾病诊断书一张。如果确是众人证明死者因病死亡很清楚的，当初虽然没有录取口头陈述，但不是非正常死亡，就无须发公文请官复验。

病死者的尸体检验

古人对病死后的检验论述比较宽泛，从得病死、中风、中暑、冻死等角度对死后尸体征象进行了论述，内容比较详尽，结论也较为科学。特别是最后一段“凡检验因病死亡的尸体，一到检验现场，先要讯问原报案人，死者来自什么地方？什么时间到此？什么时候生病？有否申报官府录取口头陈述？有没有人认识？如已收缴到口词，就必须讯问：死者原来患的是什么疾病？年龄多少？”等的检验程序和负责的态度值得今人学习。

现代法医在检查病死的尸体的时候，注重从根本原因、直接原因、辅助原因、诱因、联合死因等因素进行检验。现在利用的是生物化学及解剖学并用的高科技手段。现代法医搞清了脑卒中俗称“中风”，是由向大脑输送血液的血管疾病引起的一种急性疾病。造成脑中风的原因主要有：高血压病和动脉粥样硬化、风湿性（或高血压性、冠状动脉硬化性）心脏病及亚急性细菌性心内膜炎等，某些炎症可侵犯脑膜、脑血管，或单独侵犯脑血管引起脑动脉炎。血液病如血小板减少性紫癜、红细胞增多症、白血病，常引起出血性脑血管病。代谢病如糖尿病、高脂血症等，均与脑血管病关系密切。其他冻死、中暑的检验方法如今更为简单，但是今天疾病种类繁多，当今法医鉴定也有一定的难度，有的是各种疾病综合致死，这样的检验难度更大。

三十　针灸死

原典

须勾[①]医人验针灸处，是与不是穴道；虽无意致杀，亦须说显是针灸杀，亦可科医“不应为罪[②]”。

注释

① 勾：官衙发出拘票传唤人，亦称“拘提”。

② 不应为罪：罪名，即“不应得为而为之者（不应该做而强行去做的）”。当时，犯有此罪的人，处以用竹板、荆条打四十下的刑罚，情节严重的杖八十。

译文

凡是检验因针灸而死亡的尸体，应该拘传施治医生到尸场，检验针灸部位是不是穴道，虽然是无意致死，也应明确说是针灸致死，也可判处医生犯“不应为罪”。

医疗事故致死的责任界定

古人通过检验针灸致死的案例阐明对医疗事故致死人的责任界定。古人指出因医疗事故致人死亡的应负有“不应为之罪”，这里的医疗事故不包括故意医疗杀人，纯属医疗事故。随着科技的进步，对医疗中的过失致死人的责任界定有了更为详细的规定，从医疗事故的可预见性、不可预见性以及故意犯罪等方面进行了具体阐述。现代《侵权责任法》第五十四条规定：患者在诊疗活动中受到损害，医疗机构及其医务人员有过错的，由医疗机构承担赔偿责任。医疗事故中，由医院机构承担赔偿的法律责任。对于故意欺骗、作伪证的行为，《刑法》第三百零五条【伪证罪】规定：在刑事诉讼中，证人、鉴定人、记录人、翻译人对与案件有重要关系的情节，故意做虚假证明、鉴定、记录、翻译，意图陷害他人或者隐匿罪证的，处三年以下有期徒刑或者拘役；情节严重的，处三年以上七年以下有期徒刑。

三十一　劄口词

原典

凡抄劄口词[①]，恐非正身，或以它人伪作病状，代其饰说，一时不可辨认，合于所判状内云：日后或死亡，申官从条检验。庶使豪强之家预知所警。

注释

①劄口词：指口供词。

译文

凡是录取病危者的口头陈述，恐怕有时不是本人在亲述，而是让别人伪装病状来述说，代人掩饰说假话。对于这种情况一时不能辨认清楚，应在判决书上写上：“以后有人可能在病危者死亡后报官，请按照有关条令规定检验”。这样也许能够使豪门大户预先知道有所警忌，不致肆无忌惮地弄虚作假陷害他人。

供词的重要性

古代就有“罪从供定”“无供不录案”的先例，在我国古代法制史上，“口供”被认为是“证据之王”，没有被告人的口供，不能认定被告人有罪。所以古代的官衙里都摆满了各式各样的刑具，升堂问案第一件事，就是要被告人招供，不招供就“大刑伺候”。这样的情节在古代戏剧和古典小说中很多，古代审判官动不动就对犯人用刑，目的就是为了获取口供。古典名著《水浒传》第五十三回，有一段描写梁山好汉黑旋风李逵因受罗真人作弄，被知府刑讯逼供的情节，更能生动地体现我国古代对口供的重视。

现在口供作为一种能够直接证明案件事实的证据形式，一种和犯罪嫌疑人、被告人权利息息相关的证据，一直存在于各个诉讼阶段和刑事审判模式中。但是现在司法在对口供重视的情况下，更突出对口供从多个方面的证实。我国《刑事诉讼法》第四十六条规定：“对一切案件的判处都要重证据，重调查研究，不轻信口供。只有被告人供述，没有其他证据的，不能认定被告人有罪和处以刑罚；没有被告人供述，证据充分确实的，可以认定被告人有罪和处以刑罚。”口供是现代司法审判中解决案情的重要手段之一，但是现代司法需要核实，口供只作为提供侦办的理论依据之一，是量刑的重要依据。

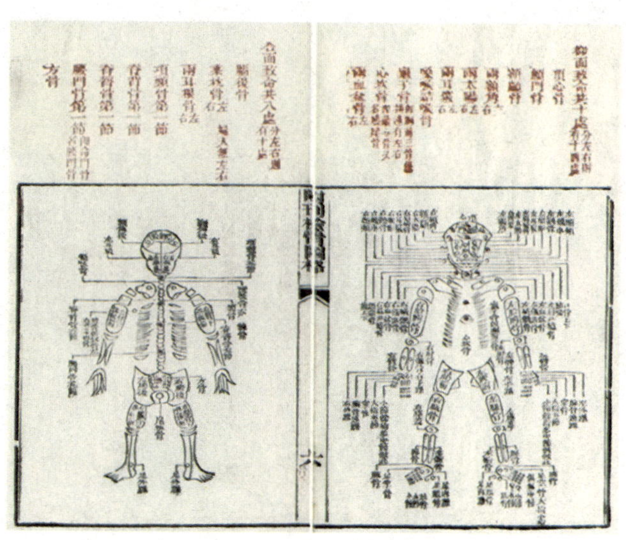

古版《洗冤录》中的“尸骨图”

卷之五

三十二　验罪囚死

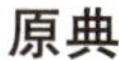

原典

凡验诸处狱内非理致死囚人，须当径申提刑司①，实时入发递铺②。

注释

①提刑司：即“提点刑狱司”。

②递铺：邮传站。顾炎武《日知录·驿传》：“今时十里一铺，设卒以递公文。”

译文

凡是检验各处监狱中非正常死亡的囚犯，检验报告应当直接报送提刑司，要立即交递铺送发。

古今对死囚的管理

古代囚犯非正常死亡是很正常的事情。非正常死亡是指自杀死亡，或者由于自然灾害、意外事故、他杀、体罚虐待、击毙以及其他外部原因作用于人体造成的死亡。在清代，监狱的非正常死亡叫作“瘐毙”。“死而由窦出者日三四人”，原因是清代监狱的生存条件高度恶化，犯人受到非人对待，但归根到底，弊根则在于当时监狱管理者的权力恶性膨胀。也许是受古代各方面条件的限制，作者对此说得很简略，只是快速上报。

现代司法规定罪犯死亡后，监狱应当立即通知死亡罪犯的近亲属，报告所属监狱管理机关，通报承担检察职责的人民检察院和原审人民法院。罪犯死亡后，对初步认定为正常死亡的，监狱应当立即开展调查工作，调查结束后，应当将调查结论书面通知监狱和死亡罪犯的近亲属。死亡罪犯的近亲属对监狱的调查结论无异议、疑义的，监狱应当及时火化尸体。死亡罪犯尸体接运、存放、火化和骨灰寄存等殡葬费用由监狱支付，与殡仪馆直接结算。防止非正常狱中死亡是今天的司法建设中的重要课题，不仅是上报的问题，还要从监狱的管理上下功夫，与古代相比，今天监狱管理更人性化。

三十三　受杖死

原典

定所受杖处疮痕阔狭，看阴囊及妇人阴门并两胁肋、腰、小腹等处有无血荫痕。小杖痕，左边横长三寸，阔二寸五分；右边横长三寸五分，阔三寸。各深三分。

大杖痕，左、右[①]各方圆三寸至三寸五分，各深三分。各有脓水，兼疮周回亦有脓水淹浸、皮肉溃烂去处。

背上杖疮，横长五寸，阔三寸，深五分。如日浅时，宜说：兼疮周回有毒气攻注青赤、皵皮、紧硬去处。如日数多时，宜说：兼疮周回亦有脓水淹浸、皮肉溃烂去处，将养不较致命身死。

又有讯腿杖，而荆杖侵及外肾[②]而死者，尤须细验。

注释

①左、右：所指部位不详。

②外肾：阴囊。指打伤阴囊致死。阴囊有较敏感的感觉神经，被打伤时可有反射性休克，偶尔可致死。

译文

凡检验受刑杖而死亡的尸体，要检验出所受杖刑部位、创痕长短、宽狭的尺寸，验看男尸的阴囊和女尸的阴门，以及尸体的两胁肋、腰、小腹等部位有无血荫痕。小杖打的伤痕，左边横长三寸，阔二寸五分；右边横长三寸五分，阔三寸。各深三分。

大杖打的伤痕，左右两边长阔都是三寸至三寸五分，深三分。创痕上都有脓水，创痕周围也有脓水，浸润着皮肉溃烂的地方。

背部被杖打的创痕，横长五寸，阔三寸，深五分。如果受杖的时间不久，验尸报告上应写明：创痕周围有毒气攻注，并有呈现青红色、脱皮、发硬的部位。如果被打后间隔天数多的，验尸报告上应写明：创痕周围也有脓水，浸润着皮肉溃烂的地方，因调治不好而致命身死。

又有审讯时用杖打腿，用荆杖打伤了阴囊而致死的，对这种尸体，特别要仔细检验。

被棍子打死后的尸检

在检验被棍子打死后的尸体时，古人指出了要从伤痕尺寸、瘀血情况及其死后反应检查被打死的部位，紧接着对小杖及大杖、背部杖打及其审讯时的杖打腿的具体情况进行论述，由于古代各方面条件的限制，对杖刑论述的还不是十分具体。现代法医学理论认为，用棍棒致死人的，可以从棍棒的受力面的形状进行判断，棍子圆头作用面打击伤痕呈现圆形，棍棒圆头边缘打击形成方形印痕，棍棒体侧面打击成六角形印痕。棍棒的打击致死原因可分为中空性打击，意思是打击人的软肋及肩部，被打部位有血痕，两边苍白，皮下有淤血。棍棒打头部，可造成皮内出血、皮下出血、帽状腱膜出血等，可产生镶边状的挫伤带、条形囊肿创伤、舟状凹陷骨折等。由于棍棒的粗细不一，弯曲不一，打击的部位平坦不一，容易形成分散、大小不一的挫伤或者裂伤，如果棍子上有异物，比如钉子等，打击的部位也会呈现出相应附属物的印痕。为了证实是否是棍子打击所引起的内伤致死，现代法医还会利用影像或者解剖技术进行验证。

三十四　跌死

原典

凡从树及屋临高跌死者，看枝柯挂掰所在，并屋高低，失脚处踪迹，或土痕高下，及要害处须有抵隐或物擦磕痕瘢[1]。若内损致命痕者，口、眼、耳、鼻内定有血出；若伤重分明，更当仔细验之。仍量扑落处高低丈尺。

注释

① 瘢：疮口或伤口好了之后留下的痕迹。

译文

凡是从树和屋顶之上等高处摔下跌死的，要查看枝干掰折挂绊在什么地方以及屋顶的高低，失脚地方的痕迹，或尘土痕迹的高低，以及死者身上的要害部位应有的隐伤，或者被其他物件擦破碰伤的斑痕。如果是身体内部有致命伤痕的，口、眼、耳、鼻内必定有血液流出；如果伤势较重的情况很明显，更应当仔细检验。但是仍旧要丈量出跌落地方的高低尺寸。

跌落致死的尸检

古人在论述跌落致死的时候说死者跌落的地方有羁绊、有痕迹，死者身体内部有致命的伤痕且口、眼、耳鼻出血，这些外表征象部分是正确的，但是不全面。现代法医理论解释摔死或者称为高坠，这种致人殒命的原因多是内部损伤严重，损伤常较广泛，多发复合性骨折，严重者内部脏器破裂，体表和内部损伤广泛而且重，从物理学的角度解释跌落外力作用的方向或方式是一致的，可以导致多处损伤，多次损伤均由一次性暴力所形成，因此损伤分布有一定的特征性，如损伤集于身体的某一侧、头顶或腰骶部，这种创伤有多发性骨折或四肢长骨骨折，甚至肢体横断，为一般人力难以或不可能形成。需要补充一点就是有的死者在高空跌落，口腔、鼻子不一定出血或者出血较少。

三十五　塌压死

原典

凡被塌[1]压死者，两眼脱出，舌亦出，两手微握，遍身死血淤紫黯色，或鼻有血或清水出。伤处有血荫赤肿，皮破处四畔赤肿，或骨并筋皮断折。须压着要害，致命；如不压着要害，不致死。死后压即无此状。

凡检舍屋及墙倒石头脱落压着身死人，其尸沿身虚怯要害去处，若有痕损，须说长阔分寸，作坚硬物压痕，仍看骨损与不损。若树木压死，要见得所倒树木斜伤着痕损分寸。

注释

① 塌：（支架起来的东西）倒下或陷下。

译文

凡是被倒塌的重物压死的，尸体两眼凸出，舌头也伸出，两手微握拳，全身淤血凝积而呈紫黑色，有的鼻孔有血或有清水流出。压伤的部位红肿而有血荫，皮肤损破的地方四周红肿，有的骨头和筋腱、皮肉皆断裂。人体必须被压在要害部位，才能致死；如果没压在要害部位，不会致死。死后被压的就没有上述这些症状。

凡是检验由于房屋和墙头倒塌、石头脱落而压死的人，其尸体周身虚软要害的部位如果有伤痕，在验尸报告上要写明压痕的长宽尺寸。如果是被坚硬的物件压的伤痕，还要验看骨头有没有断裂。如果是树木压死的，要验出那倒下的树木压着的伤痕的尺寸。

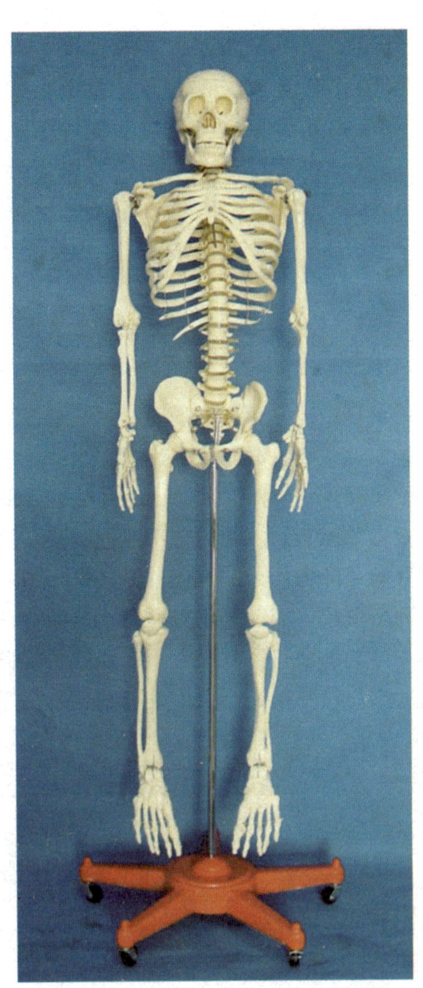

人骨结构图

三十六　压塞口鼻死

原典

凡被人以衣服或湿纸搭口鼻死，则腹干胀。

若被人以外物压塞口鼻，出气不得后命绝死者，眼开，睛突，口鼻内流出清血水，满面血荫[①]赤黑色，粪门突出，及便溺污坏衣服。

注释

① 血荫：血液淤积后形成出血小点。

译文

凡被人用衣服或湿纸搭在嘴巴、鼻子上闷死的，尸体的腹部就会出现干胀现象。如果是被人用其他物件压塞住嘴巴、鼻孔，不能呼吸而闷死的，尸体的眼睛张开，眼球凸出，口、鼻内流出清血水，满面孔都有血荫，呈红黑色，肛门脱出，大、小便排泄出而污脏了裤子。

窒息死亡的尸检

外物压塞鼻口死只是窒息死亡的一种，古人没有发明窒息死亡这个词，只是说出了一种窒息死亡的具体表现：腹部干胀，尸体的眼睛张开，眼球凸出，口、鼻内流出清血水，满面孔都有血荫，呈红黑色，肛门脱出，大、小便排泄出而污脏了裤子。

现代法医理论上认为人的窒息死亡情况很多，但就衣服、毛巾等物塞住鼻孔、嘴巴死亡的人，身体的腹部不一定发胀。另外关于口、鼻流血，大小便失禁只是该种致死的现象，其他致死方法也可能出现类似情况，以此判定是被塞物致死根据是不足的。窒息死亡的主要原因是毛巾、衣物堵住了呼吸道，当人体内严重缺氧时，器官和组织会因为缺氧而广泛损伤、坏死，尤其是大脑。另外气道完全阻塞造成不能呼吸只要一分钟，心跳就会停止。窒息而死的普遍症状：眼睑出血，嘴唇发绀，尸体内部出现血液呈暗红色流动状，内脏浆膜面点状出血，内脏淤血，瞳孔散大，对光反射消失。关于古人所论述衣物、毛巾塞住人的口鼻，在一定外力的情况下，人的脖子及相关的地方也会出现一定伤痕。

三十七　硬物瘾痁死

原典

凡被外物瘾痁[①]死者，肋后有瘾着紫赤肿痁，方圆三寸、四寸以来，皮不破，用手揣捏得筋肋骨伤损，此最为虚怯要害致命去处[②]。

注释

①瘾痁：瘾同瘾，皮外的小疤，此处意为凸起。痁，“笩”的通假字，垫衬的意思。

②虚怯要害致命去处：这里指背部被硬物顶压。压面及压力较大的话，易引起胸廓变形，肋骨断裂，刺破肺膜引起气血胸，或肺、心脏挤压伤，这些伤均可致命。

译文

凡是被坚硬的物件顶衬而致死的，尸体肋后有被顶衬着的紫红肿块，肿块面积达三四寸以上，皮不破，用手揣捏，可捏到筋骨有损伤，这是最为虚弱要害致命的部位。

硬物致死的原因分析

古人在论述被硬物致死时，重点论述的是双肋的地方。一个人被硬物打击后，没有明显的伤痕或者血渍，最后死亡了，要通过捏试判定是不是伤到了筋骨或者要害之处。提出了由表及里、以小推大的检验方法。其实古人所说的地方就是现在所指的胸腔。现在法医知道，软肋原指胸腔的肋骨，依靠软肋扩张可以帮助呼吸。每根肋骨从后面脊柱发出到前面接到胸骨上，后面的是肋骨，到前面变成肋软骨，而第七、八、九、十对肋软骨依次接到自己上面一根肋骨上，第十一、十二对肋骨没有肋软骨，不接到胸骨或其他肋骨上，头部是游离的。软肋就是两侧中部能摸到的部位，比较柔软的肋骨比较容易受到损伤。但是胸骨骨折在胸部创伤中较少见，由于所遭受外力较强，通常有多处肋骨骨折，形成连枷胸的比例较高，但是致死的原因多是心脏大血管、胸壁血管及气管胸膜损伤而引起胸腔积血、气胸和胸廓反常呼吸等严重并发症，这也许就是古人所说的要害部位。

三十八　牛马踏死

原典

凡被马踏死者，尸色微黄，两手散，头发不慢，口鼻中多有血出，痕黑色。被踏要害处便死，骨折，肠脏[①]出。若只筑倒或踏不着要害处，即有皮破、瘾赤黑痕，不致死。驴足痕小。

牛角触着，若皮不破，伤亦赤肿。触着处，多在心头、胸前，或在小腹、胁肋，亦不可拘。

注释

①肠脏：肠子及内脏。

译文

凡是被马踩踏死的，尸体肤色略黄，两手散开，头发不乱，口、鼻中多半有血液流出，踏痕呈黑色。被踩踏在要害的部位便会死亡，尸体骨头断裂，肚肠流出。如果只是被撞倒或没有踩踏在要害部位，即使皮肤破裂、有红黑色的内伤痕，也不会致死。被驴足踩踏的伤痕较小。

被牛角顶触的，如果皮肤不破，伤痕也要红肿。被顶触的部位，大多位于心口、胸前，或在小腹、胁肋，当然也并不局限在这些地方。

牛马踏死后的尸检

以牛车、马车为主要交通工具的古代，发生马牛踏死人情况是平常的事。在检验这类案件时，古代法医提出一个重要观点，伤不到要害之处不会死。同时对马牛踏死后的尸体外观表象进行了论述，其中的马牛足印不同的说法十分正确。有关肠脏出来的说法过于片面，因为马牛踏死人肠脏不一定出来。现代法医在鉴定马牛等大型动物踏死、撞死时，首先也是关注尸体表面特征，重点对死者外伤的部位从打击力的大小、受伤的部位、着力面积和致伤物运动方向进行详细勘察。外观解释不了的致死原因，借助现代影像技术进行五脏六腑的检验，如果还是检验不出，就会进行尸体解剖。在检验这一类案件中，现代医学对马牛踏或者撞击后不应致死而引发的精神、疾病致死有了更详尽的补充解释，这是尸体检验的重大进步。

三十九　车轮拶死

原典

凡被车轮拶死者，其肉色微黄①，口眼开，两手微握，头髻紧。凡车轮头拶着处，多在心头、胸前并两胁肋。要害处便死，不是要害不致死。

注释

①肉色微黄：车轮轧死，内脏损伤为主，若有严重内出血，可出现肤色略黄，否则将无特殊颜色呈现。

译文

凡是被车轮轧压死的，尸体肤色略黄，口眼张开，两手微握拳，头髻紧束。凡是被车轮迎面压着的部位，一般都在心口、胸前及两胁肋。压着要害的部位便会死亡，不是要害部位就不会死亡。

车祸死亡的法医鉴定

古人对车轮压死的鉴定多从外观现象进行观察。比如肉色微黄、口眼开、两手微握、头髻紧等。随着社会的进步，车子越来越多，车祸也越来越多，很多古人说的现象早已不存在，比如今人已经不再扎头髻，无法从此判定。有些外观现象也与现在力学、生物学现象不相符合。现代法医在处理现代车祸时分两种情况。一种情况是当事人当场死亡，由法医到现场检查尸体，检查死者受伤部位、受伤具体情况以及死亡原因，并当场摄影或拍照，写出鉴定材料。另一种情况是当事人在事故发生现场受重伤，后送医院抢救无效死亡的，由医院出具死亡诊断书。在对尸体进行检验时不得在公众场合进行；但若需要对事故当场死亡的人员进行尸体检验时，可以在事故现场由检验人员直接进行。在检验时应检查死者的身长、体格发育、受伤部位、种类、形状、位置等，在进行检验时应做好检验记录。分析车祸从撞死或者碾死两个方面进行分析，特别是怀疑被车轧死时，首先要进行轮胎痕迹比对，从力学、生物学的角度解释，实在解释不了的可以通过法医解剖判定受伤的程度。

四十　雷震死

原典

凡被雷震死者，其尸肉色焦黄，浑身软黑，两手拳散，口开眼䀹，耳后发际焦黄①，头髻披散，烧着处皮肉紧硬而挛缩。身上衣服被天火烧烂。（或不火烧）伤损痕迹多在脑上及脑后。脑缝多开，鬓发如焰火烧着。从上至下，时有手掌大片浮皮，紫赤②，肉不损。胸、项、背、膊上或有似篆文痕③。

注释

① 耳后发际焦黄：这可能是偶然现象。身体某部分受电弧烧灼，或强大电流通过，电热效应可将组织烧焦、炭化。

② 紫赤：从所叙述的形态看，似指电流电热作用的斑块，焦黑或紫红色，深浅不均，呈豹皮样。因雷电是击穿空气介质扩散的，触人时往往是多位性大面积的。全身可出现这种手掌大的斑痕。

③ 似篆文痕：指雷击花纹。强大雷电通过人体，皮下血管麻痹郁血，形成树枝样紫红色纹路。

译文

凡是被雷击死的，尸体肤色焦黄，全身软黑，两手散开，嘴巴张开，眼球

凸出，耳后发际颜色焦黄，头髻披散，被雷火烧灼的部位皮肉坚硬而紧缩，身上衣服也被烧烂。也有人衣服没有被烧。伤损痕迹一般都在头顶上及脑后部，脑缝大多开裂，鬓发像被焰火烧灼过的一般，全身上下常有手掌般大的大片紫红色浮皮，肌肉不会烧坏，在胸前、颈部、后背、胳膊上有的人还有像篆文一样的烧灼痕迹。

科学解释雷电致死人的现象

古代法医对雷电致死人后的记录很零散：尸体肤色焦黄，全身软黑，两手散开，嘴巴张开，眼球凸出，耳后发际颜色焦黄，头髻披散，被雷火烧灼的部位皮肉坚硬而紧缩，身上衣服也被烧烂等。

科技进步的今天对于雷击致死已经能够很好地揭示了，雷击致死人主要是高压放电现象所引起的。雷击致死人的法医鉴定在现在更为精准，把电流在皮肤的出入口部位形成的火山口状损伤称为电流印记，又叫电流斑。高压电击时，骨因遭受电流热效应而发生坏死，胶原破坏和无机物熔化。熔化的特殊产物称为骨珍珠。把电击后的人体表面可形成的树枝状或蜘蛛网状的红色条纹称为电击纹。把雷击后幸存者，可因周围神经分支受损，引起皮肤组织循环不良、神经痛、麻木或其他感觉障碍称为雷击的迟发效应。现在为避免雷击，有了避雷针等避雷装置，一般不会再因为雷击导致死人了，但也有特殊情况。

四十一　虎咬死

原典

凡被虎咬死者，尸肉色黄，口眼多开，两手拳握，发髻散乱，粪出，伤处多不齐整，有舌舐齿咬痕迹。

虎咬人，多咬头项上，身上有爪痕掰损痕，伤处成窟，或见骨，心头、胸前、臂腿上有伤处，地上有虎迹。勒画匠画出虎迹，并勒村甲及伤人处邻人供责为证。（一云[①]虎咬人，月初咬头项，月中咬腹背，月尽咬两脚，猫儿咬鼠亦然）

注释

① 一云：又一种传说。

译文

凡是被老虎咬死的人，尸体肤色发黄，口、眼大多张开，两手握拳，发髻散乱，粪便排出，咬伤的地方一般都不齐整，有虎舌舐刮、虎牙撕咬的痕迹。

老虎咬人，一般都咬在头部、颈项上，死者身上有爪印、抓伤痕迹。受伤的地方成为窟窿，有的露出骨头，心口、胸前、手臂、腿上都有咬伤的地方。地上有老虎的足迹，检验时要勒令画匠画出虎足印，并责令村里保甲长及尸体现场的邻人负责陈述作证。一说：老虎咬人，月初咬头、颈，月中咬腹、背，月底咬两脚。猫咬老鼠也是这样。

被大型动物致死后的鉴定

所谓大型动物就是指狮子、老虎一类的具有攻击性的大型动物。古代法医对老虎伤人后的尸体表象描述是：尸体肤色发黄，口、眼大多张开，两手握拳，发髻散乱，粪便排出。老虎咬人，一般都咬在头部、颈项上，死者身上有爪印、抓伤痕迹，咬伤的地方一般都不齐整，有虎舌舐刮、虎牙撕咬的痕迹。

现代法医把老虎伤人划归为大型动物伤人一类。根据现代法医的检验要求，法医会对尸体的尸体表象进行检验，通过表象推知可能致人死亡的动物。在不确定的情况下，现代法医可以根据动物留在现场的皮毛等有用元素进行动物 DNA 比对查找伤人动物。最后确定动物的归属，确定动物的监护人，追究监护人的责任。对野生动物致人死案，现在法医更多的是关注老虎致死人的原因分析和事后处理。但是文中“虎咬人，月初咬头项，月中咬腹背，月尽咬两脚，猫儿咬鼠亦然”是不可信的。

四十二　蛇虫伤死

原典

凡被蛇虫伤致死者，其被伤处微有啮损黑痕，四畔青肿，有青黄水流，毒气灌注，四肢身体光肿，面黑①。如检此状，即须定作毒气灌着甚处致死。

注释

① 面黑：咬伤部位颜色黑。

译文

凡是被毒蛇、毒虫咬伤致死的，尸体被咬伤的地方有不很明显的咬伤黑痕，伤痕四周浮肿发青，有青黄色的汁水流出，如果毒气侵注到四肢，全身便会虚肿而光亮，面色发黑。如果检验到这些症状，就应该验定为毒蛇、毒虫咬伤毒气侵入到某个部位而致死的。

毒蛇伤人后的检验

古人对毒蛇毒虫的检验从咬伤的痕迹和毒发后受伤部位及全身状况进行论述。就是现代，蛇虫伤人在南方、草木茂盛的草原、森林地区也时常发生。现在法医已经知道蛇可分为有毒与无毒蛇，无毒蛇伤到不会中毒，毒蛇就不然，有的毒蛇可以很快地致命。现代法医鉴定依据主要靠特殊的毒蛇牙痕、毒蛇咬后局部伤情及全身表现来区别。毒蛇咬伤后，通常伤口局部常留有毒牙痕迹，且伤口周围有明显肿胀及疼痛或麻木感，局部有瘀斑、水泡或血泡，全身症状也较明显。无毒蛇咬伤伤后，局部可留两排锯齿形牙痕。现代法医从局部伤口的特点，可初步将神经毒的蛇伤和血液毒的蛇伤区别开来。再根据特有的临床表现和参考牙距及牙痕形态，可进一步判断毒蛇的种类。如被眼镜蛇咬伤病人瞳孔常常缩小，蝰蛇咬伤后半小时内可出现血尿，蝮蛇咬伤后可出现复视。不过现在的医疗技术可以在合理的时间内通过注射血清疫苗解除毒素。

关于被毒蛇咬伤后致死的，现代法医除了根据尸体表征以外，还可以通过对尸体内毒素的提取进行化验分析。

四十三　酒食醉饱死

原典

凡验酒食醉饱致死者，先集会首等，对众勒[①]仵作行人用醋汤洗检。在身如无痕损，以手拍死人肚皮膨胀而响者，如此即是因酒食醉饱、过度腹胀心肺致死。仍取本家亲的骨肉供状，述死人生前常吃酒多少致醉，及取会首等状，今来吃酒多少数目，以验致死因依据。

注释

① 勒：命令。

译文

凡是检验酒食醉饱而死亡的尸体，应先传齐会饮的主人及参与者到场，当众令检验人员用醋、热水洗尸检验。尸体上如果没有伤痕，就用手拍死人的肚皮，膨胀而有响声的，就是由于酒食醉饱过度，引起腹胀压迫心肺而致死的。还要录取死者亲属供述，说明死人生前一般喝多少酒便会致醉，以及取会饮的主人及参与者的供述，讲清这次喝酒多少的数量，据以验明致死的原因。

因醉酒和食过量致死的检验

古代法医把醉酒和饮食过量致死的尸体检验归结为一类，检验方法是先擦洗外身，在身体没有伤痕的条件时再考虑是否是酒食过量，检验的方法主要是询问现场的参与人，方法直观、简单。

现代法医学针对醉死和饮食过量致死的检验通过现代医用器械或者解剖尸体进行，早已经弄清两者致死的原因。食物过饱，胃过度充盈，顶压横隔，胸腔变狭窄，呼吸困难，或诱发心脏病发作，有的可以诱发其他疾病引起死亡。关于喝酒醉死的原理解释是：现代医学搞清了肝脏是分解酒精的唯一脏器，如果短时间内大量摄入酒精则血液中酒精度增高，假如超过了肝脏分解的能力，肝脏来不及消化大量的酒精，大量的酒精便会随血液循环进入脑部，酒精的麻痹作用会在头部血液循环中导致大脑休克或死亡。

四十四　筑踏内损死

原典

凡人吃酒食至饱，被筑踏内损①，亦可致死。其状甚难明。其尸外别无他故，唯口、鼻、粪门有饮食并粪带血流出。遇此形状，须仔细体究，曾与人交争，因而筑踏。见人照证分明，方可定死状。

注释

① 内损：内脏器官的损坏。

译文

凡是人酒食过饱，被撞踏而使内脏损伤的，也能致死。这样死的，仅从症状上很难验明，尸体外表别无其他伤痕，只有口、鼻有食物，肛门有带血粪便流出。遇到这种情况，应仔细调查研究，死者生前是否与他人争斗过，因而被撞踏的。还要与证人对证清楚，才可验定死因，填入尸体检验报告。

内脏损伤致死的尸检

古人说的筑踏内损死的前提是酒足饭饱而后与人或者自行撞击而发生的死亡，对这类死亡的检验，古人认为很难实施，因尸体外表无伤痕表现，只是很直观地从鼻、口、肛门有无粪便流出进行检验，然后再询问生前是否与人争吵、打斗之类。此种检验方法具有一定的片面性。现代法医认为内脏损伤实际上是一种闭合性损伤，外力是诱因。现代法医在检验时也注重尸检的外部特征，外表无伤痕时，借助于医学影像技术对肝胆脾胃肾透过扫描，能准确地发现受伤部位、受伤范围、损伤程度等，从而分析出死亡的原因。还可以通过其他科技手段，如若还有不确定因素就会进行尸体解剖。现代对酒食过量后的外力致死原因分析是：饮食过度，胃极度扩张、壁薄，受到外力冲击、震荡引起破裂，腹膜受到刺激发生休克；胃内容挤出食道、咽喉部，倒吸堵住呼吸道；或腹膜炎、大出血等均可致死。

四十五　男子作过死

原典

凡男子作过①太多，精气耗尽，脱死于妇人身上者，真伪不可不察。真则阳不衰，伪者则痿②。

注释

①作过：做爱过度。

②痿：身体某部分萎缩或丧失机能的病。

译文

凡男子房事过度，精气耗尽，脱阳而死在妇女身上的，真假不可不审察。真的则阴茎不衰软，假的则呈萎缩状态。

作过死的现代分析

古人对性交致死的说法是作过死，意思是男女做爱过度而死的，其中关于男子阴茎的强弱之论是不符合现代生物理论的。现代科学研究证实男性的精子生成需要一定的时间，频繁的性生活会导致每次的精子量过少，受孕的概率大大下降，而且男性的体力会透支。纵欲过度，日久还会引起神经衰弱，会导致身体衰弱，有损健康。房事过度还可能引起泄精过早、泄精过晚，甚至射精困难或阳萎、遗精等性功能障碍。女性会诱发盆腔充血，所谓盆腔郁血综合征，产生腰酸下身沉重等不适感觉。性生活频繁，会造成男女双方体力上的较大消耗，久而久之，体质会下降。但是致死的主要原因不在此。性交致死现在称性交窒息死亡，窒息死亡的原因有：双方身体因过度兴奋而引起心脑血管疾病；因双方身体较大消耗，造成其他功能性器官的衰竭，抵抗力下降而引起疾病。男子酒后性交时，酒精助长了人的兴奋程度，导致心血管破裂的可能性更大。男女年龄悬殊、药物作用、精神紧张等都可以引起性交窒息死亡。这些方面的解释依靠法医解剖学都能很好解释。

四十六 遗路死

原典

或者被打死者扛在路旁，耆正[1]只申官作遗路死尸，须是仔细。如有痕迹，合申[2]官多方体访。

注释

① 耆正：小管。
② 合申：综合报告。

译文

有的尸体是被打死后，扔在路边的，耆正只报官说是倒死在路边的尸体。这种尸体应仔细检验。如果在尸身上验有伤痕，应该申报长官，多方面侦查察访。

路边无主尸体的检验

古代法医在检验这类尸体时只是强调仔细检查和报官的观点，论述得较为简单。现在经常会遇到或者听说“某某地方有死尸”的说法，这种情况比较复杂，有的是杀人弃尸，有的是自行突发疾病等。关于这类尸体的检验，现代法医强调如下几点：①记录尸体性别、尸长、发育、营养状况、发型、牙齿、痣、疣、疤痕、文身、面部及其他特征；推断年龄。②检查三腔、常规毒药检验、水中腐烂尸体检验。③对于难以辨认的尸体应当进行显微病理检验。④应当提出指纹或者 DNA 以备后来身源的验证等。通过各类方法查出死者的死因，确定死者的性别、确认死者的身份，确实找不到亲属的，公安机关会安排下葬。

四十七 仰卧停泊赤色

原典

凡死人项后、背上、两肋、后腰、腿内、两臂上、两腿后、两曲、两脚肚子上下有微赤色。验是本人身死后一向仰卧停泊，血脉坠下，致有此微赤色[1]，即不是别致他故身死。

注释

① 微赤色：尸斑，是正常的尸体现象。

译文

凡是死人的项后、背上、两肋、后腰、腿内、两臂上、两腿后、两腿弯、两腿肚上下有淡红色的，经检验乃是死者死后一直仰卧停放，血液下坠凝聚，以至出现这种淡红色的尸斑。因此可以确认不是另有其他原因致死的。

有关尸斑的知识

古人很重视尸斑，对死后仰卧停泊的尸体尸斑出现的位置、颜色及其简单原因进行了论述。现代法医学指出尸斑是较早出现的尸体现象之一，尸斑位置与尸体的姿势有关，如仰面平卧的尸体，尸斑出现在枕部、顶部、背部、腰部、臀部两侧和四肢的后侧，有时也见于尸体侧面，甚至上面的倾斜区如锁骨上部，俯卧的尸体、立位的尸体尸斑分布位置都各不相同。尸斑通常是在死亡后 2 ～ 4 小时出现，经过 12 ～ 14 小时发展到最高度，24 ～ 36 小时固定下来不再转移，一直持续到尸体腐烂。现代法医可以根据尸斑的不同颜色辨别不同的致死原因，鲜红颜色的尸斑多是由于一氧化碳、氢氧化物中毒或者冻死而形成的。尸斑的形成是人死后血液循环停止，血液沿着血管网坠积于尸体低下部位，开始是云雾状、条块状，最后逐渐形成片状。明显的尸斑可以作为诊断死亡原因的分析证据。

四十八　虫鼠犬伤尸

原典

凡人死后被虫鼠伤，即皮破无血，破处周围有虫鼠啮[1]痕踪迹，有皮肉不齐去处，若狗咬则痕迹粗大。

注释

① 啮：动物的啃咬。

译文

凡是人死后被虫、鼠等咬伤的，尸体上只是皮破而没有血液流出，被咬破的部位周围有虫、鼠啮咬的痕迹，它的征象是皮肉不平正。如果是被狗咬的，齿痕较粗大。

尸体被虫吃鼠咬后的鉴定

古代法医在鉴定虫鼠犬伤的尸体的时候，只是简单看看有无血液流出，区分伤口痕迹的形状及大小，看看伤口的肌肉平整度等，检验依旧注重外观的尸体表象，十分简单。现代法医对虫吃鼠咬的区分更为细致，被虫咬的尸体，包括蚂蚁、甲虫、蛆等啃咬尸体，表现出表皮脱落、组织缺损、创缘内卷，被蛆吃尽软组织，只剩下骨骼。被老鼠啃咬的尸体，多在眼睛、口唇、鼻尖、耳廓及身体暴露部位，创口不大，创口极不规则，有锯齿状，但伤不到筋骨。被狗咬的，创伤面大，创缘不整齐，有撕裂状，创面组织破碎，骨头有啃咬痕迹，尸体表面有狗爪的搔印痕迹。被鸟类啄食的，创缘不一，深浅不一，粗糙不平，组织被扭转，有爪印痕迹。有时在对尸体上痕迹不能分辨的时候，法医会收取现场动物遗留下来的气味、皮毛等进行 DNA 比对，直至找出伤害尸体的动物。

四十九　发冢

原典

验是甚向，坟围长阔多少。被贼人开锄，坟土狼藉[1]，锹锄开深尺寸，见板或开棺见尸。勒所报人具出：死人原装着衣服物色，有甚不见被贼人偷去。

注释

①狼藉：乱七八糟、杂乱不堪。

译文

凡是检验被掘盗的坟墓，要验看坟墓坐落在什么方向位置，周围长宽多少。被盗墓人掘开的坟墓，坟土狼藉，要验看掘开的深度有多少（量出尺寸），是仅见到棺材板还是已打开棺材见到尸体？还要让报案人一一具体报告出：死人原来穿的什么衣服、装殓的什么东西，并要验看有什么衣物不见了，是否被盗墓人偷去了，等等。

掘墓验尸时的注意事项

古代讲究“风水学”，讲究“祖坟论”，挖掘人家的坟墓是不道德行为。更有富人厚葬后，因为盗墓贼贪图钱财，挖掘人家坟墓的。古代对此十分看重，因此也就有了开坟检验的论述，论述中对坟墓的位置、方向、棺材、死者衣服、盗墓深浅都做了强调，表现了一种比较负责的态度。现代破坟在破案中时有发生，现代法医在开坟时也有一定的讲究，强调要先从前面开挖的顺序；要先安置好墓碑再开挖；不要打死坟冢出来的小动物；打开棺材时要避免棺材中进入土灰；开棺要避免光线照射；开棺后要等一会儿勘验。法医开棺材一般都带有口罩或防毒面具、手套等，还要准备好相应的试纸、塑料袋、照相机、灯光等材料。检查完后要重新安葬。

五十　验邻县尸

原典

凡邻县有尸在山林荒僻处，经久损坏，无皮肉，本县已作病死检了，却牒邻县覆。盖为他前检不明，于心未安，相攀覆检。有如此类，莫若据直申：其尸见有白骨一副，手、足、头全，并无皮肉、肠胃，验是尸经多日，即不见得因何致死。所有尸骨未敢给付埋殡，申所属施行。不可被公人给作无凭检验。

凡被牒往他县覆检者，先具承牒时辰，起离前去事状，申所属官司，值夜止宿。及到地头，次第[①]取责干连人罪状，致死今经几日，方行检验。如经停日久，委的[②]皮肉坏烂不任看验者，即具仵作、行人等众状，称：尸首头、项、口、眼、耳、鼻、咽喉上下至心胸、肚脐、小腹、手脚等，并遍身上下尸胀臭烂，蛆虫往来咂食，不任检验。如稍可验，即先用水洗去浮蛆虫，仔细依理检验。

注释

①次第：顺着次序。

②委的：抛弃、舍弃。

译文

凡是邻县发现有尸体在山林荒僻的地方，经隔日久，已经腐烂，皮肉无存，所在县已作检验，定作病死，然后发公文到他县请官复验的，是因为他们初验没验清楚，于心不安，所以要求邻县复验。遇到这种情况，不如从实申报：该尸现在只有白骨一副，手、脚、头等骸骨齐全，皮肉、肠胃都无，检验时已死后多日，无法验出致死原因。所有尸骨不敢交付埋葬的，特报所属上司指示执行。遇有这种情况，不要被手下办事人员欺骗，仅作为“无从检验”对待。

凡是受到公文约请被派往他县担任复验的官员，先要将接到公文的时间和起程前去

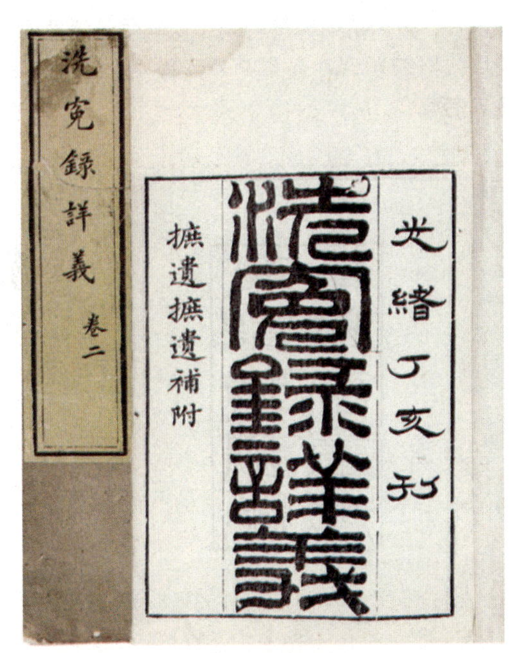

光绪版《洗冤录释意》

的情况等申报所属上司衙门。途中遇夜须住宿。待赶到现场后，应依次讯问录取案件各关系人的罪状，问清死者死亡后已隔了几天才进行检验的。如果尸体已经停放很久，确是皮肉烂坏无法验看，就要让检验人员等共同具状，说明：尸体头、项、口、眼、耳、鼻、咽喉上下到心胸、肚脐、小腹、手脚等部位，以及全身上下，膨胀臭烂，蛆虫往来咂食，已经无法检验。如果勉强能检验的尸体，就先用水冲洗去浮在尸体上面的蛆虫，按常规仔细检验。

跨区尸检的做法

古人在论述跨区检验的时候，对此论述分两种情况，一是自己先发现后必须报请所管辖区的负责官员；二是临县发现情况，报请自己去检验时该如何做。不论哪种情况都突出以“事实为根据，以法律为准绳”的原则。特别是对检验报告的详细记录和积极向上级报告的态度以及如何避免营私舞弊做了很好的论述，值得今天继续推广与学习，对于有质疑的地方可以开诚布公地复验。

现在办理跨区办案，需要公安部门之间的证明信或者协调函，异地公安机关一般都是协助犯罪人所管辖的区域进行办案，责任更加明确，并不是单单看案件的始发地，要看犯罪人所属的管辖区域。对不明地址、不明身份的人员，当地公安机关在上报上一级领导机关后有权处置。如果是重新鉴定，鉴定人一般为三至五人，不受管辖区域的约束，可跨地区聘请有经验的鉴定人进行联合（会诊）鉴定。现代法医的职业素养更高，一般不会出现营私舞弊现象，如果发生，也要受到法律的制裁。

五十一　辟秽方

原典

（三神汤[①]）能辟死气。

苍术（二两。米泔浸两宿，焙干）白术（半两）甘草（半两，炙）上为细末。每服二钱，入盐少许，点服。

（辟秽丹[②]）能辟秽气。

麝香（少许）细辛（半两）甘松（一两）川芎（二两）。上为细末，蜜丸如弹子大，久窨为妙。每用一丸烧之。

（苏合香丸[③]）每一丸含化，尤能辟恶。

注释

①三神汤：一种中药制剂的汤。

②辟秽丹：避晦气，一种丸子大小的中药丸。

③苏合香丸：一种中药。

译文

三神汤能驱除尸臭。

苍术二两。淘米水浸泡两夜，焙干。白术半两。甘草半两。烤干。以上各药合研为细末，每次服两钱，加进少量盐，分多次服用。

辟秽丹能消除秽气。

麝香少量。细辛半两。甘松一两。川芎二两。以上各药合研为细末，加上蜂蜜做成丸药，大小像弹丸，藏在地窖中，越久越好，每次用一丸，焚烧发烟。

苏合香丸每次用一丸，含在口内化开，辟除恶气，效果特别好。

处理尸臭的方法

首先对题目进行一个解释，所谓辟秽方就是处理尸臭的药方。这里重点介绍了三种方法，对每一种方法的剂量、制作及使用方法都做了详尽的论述。至于功效如何，理论根据是什么有待考证。不过随着科技的发展、医学的进步，现在已经能够对尸体进行无菌处理，解决尸臭问题更是小事。三个处方在今天已经没有太大使用价值。

对于古人所指的三种药方的现代分析如下。三神汤药物组成：川黄连（去须），川当归（去芦，洗净），杏仁（去皮尖）。方剂主治：肝肾俱虚，虚热上冲，眼目隐涩，或生翳膜侵睛，迎风有泪，视远无力及眼暴赤肿，目睛疼痛，热泪如汤者。辟秽丹是由羚羊角、香附、大黄、麝香、牛黄等 74 味中药材制成的丸剂，主要成分有麝香酚、冰片等，具有辟秽气、止吐泻的功效，用于治疗感受暑邪、头晕胸闷、腹痛吐泻等症。苏合香丸为赭色的大蜜丸，气芳香，味微苦、辛，芳香开窍，行气止痛，用于痰迷心窍所致的痰厥昏迷、中风偏瘫、肢体不利，以及中暑、心胃气痛。

现在知道尸臭主要是腐胺和尸胺的味道。常温下，死亡后 3~6 小时，肠道内的腐败菌繁殖生长，开始产生腐败气体，放出腐败臭味，称为尸臭。腐败气体除含氧、氮、氢、二氧化碳、甲烷外，还含有氨、硫化氢等具有强烈臭味的成分。除尸臭的时候用粗制木醋液，木醋液中含有醋酸、酚类等 200 多种化合物，能和腐胺、尸胺发生化合反应，从而彻底分解掉这些物质。

五十二　救死方

原典

若缢，从早至夜，虽冷亦可救；从夜至早，稍难。若心下温，一日以上犹可救。不得截绳，但款款抱解放卧，令一人踏其两肩，以手拔其发，常令紧。

一人微微揉整喉咙，依元以手擦胸上，散动之。一人磨搦臂足屈伸之，若已僵，但渐渐强屈之。又按其腹。如此一饭久，即气从口出，得呼吸，眼开，勿苦劳动。又以少官桂汤及粥饮与之，令润咽喉。更令二人以笔管吹其耳内，若依此救，无不活者。又法：紧用手罨其口，勿令通气，两时许，气急即活。

又用皂角、细辛等分为末，如大豆许，吹两鼻孔①。

注释

①吹两鼻孔：利用气流刺激耳道及鼓膜。

译文

如果是上吊自杀的人，假使是从早上吊到夜里，人体虽然已冷，也能救活；而由夜里吊到早上的，就较难救活。如果死者的心头温热，虽然已经吊了一天以上，仍然可以救活。抢救时，不能截断吊绳，只能抱住上吊人的身体慢慢地解开吊绳放下，使人体仰卧。让一人踏住他的两肩，用手拉住他的头发，要一直拉紧；另一人则轻轻地用手指搓揉调整他的喉咙，并用手按圆周擦揉胸部使肺部疏通活动；又一人按摩他的臂、腿，使之屈伸，做人工呼吸。如果上吊人的身体已经僵硬，只能渐渐地使其弯曲，再按摩他的腹部。这样经过一顿饭的时间，上吊人就会从口中呼出气来，能够呼吸了，眼睛也张开了。这时，抢救者不要怕劳苦而要继续抢救，拿少量的官桂汤和粥喂给他喝，使他滋润喉咙，还要叫两个人用笔管朝他的两个耳朵内吹气。如果按照这个办法抢救，没有救不活的。

又有一种方法：用手紧掩住上吊人的口，不要使他通气，约过两个时辰，气憋急了冲口而出，就会救活。

再有一种方法：用相同分量的皂角、细辛研成粉末，取出像黄豆大的一小撮吹进上吊人的两个鼻孔中也能抢救。

上吊急救法

古人在论述对上吊的救治时，采用的方法很科学，比如“拿少量的官桂汤和粥喂给他喝，使他滋润喉咙，让两个人用笔管朝他的两个耳朵内吹气”“用相同分量的皂角、细辛研成粉末，取出像黄豆大的一小撮吹进上吊人的两个鼻孔中也能抢救”。但是对上吊一天一夜也能救活的说法有点片面性。

现代对上吊的救治是：发现有人缢吊时，一边呼救，一边尽可能将患者身体上托，剪断吊绳。现场复苏时，通畅气道非常关键，如颈部软组织淤血或喉头舌骨骨折，应插管，人工呼吸时，用口对口吹气法，效果显著。同时尽早拨打120急救电话。

原典

水溺一宿者尚可救，捣皂角以绵裹，纳下部内，须臾，出水即活。

又屈死人两足，着人肩上，以死人背贴生人背，担走，吐出水即活。

又先打壁泥一堵，置地上，却以死者仰卧其上，更以壁土覆之，止露口眼，自然水气翕入泥间[①]，其人遂甦。洪丞相在番阳，有溺水者身僵气绝，用此法救即甦。

又炒热沙覆死人面[②]，上下着沙，只留退场门、耳、鼻，沙冷湿又换，数易即甦。

又醋半盏，灌鼻中。又绵裹锻石纳下部中，水出即活。

又倒悬，以好酒灌鼻中及下部。

又倒悬解去衣，去脐中垢，令两人以笔管吹其耳。

又急解死人衣服，于脐上灸百壮。

注释

①自然水气翕入泥间：这个方法对救溺水者没有作用。干泥只能吸收体表的水，不可能吸收体内所呛的水。

②又炒热沙覆死人面：炒沙敷，这个方法可吸收体表及头发的水，还有热敷作用，但从急救角度看并不是可取的。

译文

被水淹死经过一夜的人也能救活。抢救方法是：把皂角捣烂用棉絮包好塞进肛门内。一会儿肛门内有水流出，就活转过来。

又有一种方法：抢救者弯曲溺者的两腿扛在肩上，将背部贴着溺者的背部，倒背着行走，使溺者肚子里的水吐出来，就能复活。

再有一种方法：先把一堵土墙的干泥打碎，铺放地上，然后让溺者仰卧在这上面，再用干墙泥覆盖溺者，仅露出嘴巴、眼睛，这样，溺者全身的水气自然会被干泥吸收，溺者于是获救。洪丞相在番阳时，遇到溺水死的，身体已僵硬，呼吸也停止，用这个方法把他救活了。

另有一种方法：把沙炒热覆盖在溺者的面孔上，全身上下都拥盖着热沙，只留出口、耳、鼻，等到沙变冷变湿了，再换上热沙，更换几次，溺者就会苏醒。

又有一种方法：用醋半杯灌入溺者鼻中。又有一种方法：用棉絮包裹石灰塞进溺者的肛门中，等溺者肚里的水泻出，就能抢救过来。

又有一种方法：把溺者倒悬着，用好酒灌入溺者鼻内和肛门中。

又有一种方法：把溺者倒悬着脱掉衣服，除去肚脐眼中的脐垢，叫两人用笔管吹溺者的两耳孔。

又有一种方法：迅速脱掉溺者的衣服，在肚脐上用艾叶灸一百灼。

溺水急救法

古人的溺水急救方法很特殊，关于急救溺水有七八种方法，有动作的调理，也有药物的调理，其中用醋、用艾灸、用皂角等方法，现在已经不经常使用了。

现代法医认为，人溺水要用纸或者当时能够拿到的清理物品，清理出溺水者鼻腔及口腔里的泥土和其他的异物。有假牙的要取出假牙并将其舌头拉出。清理鼻腔、口腔后，对于有领口、腰带的溺水者要松解领口和腰带，女性的溺水者还要松解紧裹的内衣及胸罩。常用的是按压溺水者的腹部进行倒水，除了这种方法以外还可以用你的膝盖顶溺水者的肚子，向外逼水。对于体重较轻的小孩还可以用肩顶其肚子的方法将水倒出。如果将水倒出后溺水者还没有清醒就要对其进行心肺复苏了，这个急救的步骤需要经过专业培训的人操作，如果周围的人都不懂心肺复苏的方法就立即送医院。

原典

死于行路上，旋以刀器掘开一穴，入水捣之，却取烂浆以灌死者，即活。中不省人事者，与冷水吃即死。但且急取灶间微热灰壅之，复以稍热汤蘸手巾，熨腹胁间，良久甦醒。不宜便与冷物吃①。

注释

① 泥浆有降温作用。

译文

对中暑倒死在路上的人，随即用刀剑之类的器物掘开一坑，倒入水捣成泥浆，然后取烂泥浆灌入死者嘴中，就能救活。对中暑昏迷不省人事的人，给他冷水喝就会立即死亡。只能赶快取灶中微热的灰拥捂他，再用稍热的水蘸湿手巾熨其腹部、胁部，过相当长的时间才会苏醒过来。不适宜取冷食给他吃。

中暑急救法

古人对中暑的急救方法很具有传奇色彩，“取烂泥浆灌入死者嘴中，用微热的灰拥捂他，再用稍热的水蘸湿手巾熨其腹部、胁部，过相当的时间才会苏醒过来”。

现代法医认为一旦发现中暑病人，应立即将其抬到阴凉通风处，如大树底下与林荫处，使其躺于竹床或石板上，解开衣扣，用草帽或扇子（电扇更好）扇风，并用井水打湿毛巾敷于前额及躯干部，能用冰块冰敷，效果更好。还应喂服微温的盐开水或选用上条所述药物中的某种喂服。如果症状严重，特别是出现呼吸骤停以及昏迷等危重情况，应立即做人工呼吸，一边指压人中、合谷等穴位，一边急送医院抢救，不可延误，且越快越好。

原典

冻死，四肢直，口噤。有微气者，用大锅炒灰令暖，袋盛，熨心上，冷即换之。候目开，以温酒及清粥稍稍与之。若不先温其心，便以火炙，则冷气与火争必死①。又用毡或荐卷之，以索系，令二人相对踏，令滚转往来，如衦（古藁旱切，摩展衣也）毡法，候四肢温即止。

注释

①这是用羊粪烟的臭味刺激病人。

译文

冻死的人，四肢僵直，嘴巴闭紧。抢救微有气息的人，用微热的灰拥捂他，再用稍热的水蘸湿手巾熨其腹部、胁部，过相当的时间才会苏醒过来。等到眼睛睁开，稍稍给他吃些温热的酒和稀粥。如果不先温暖他的心脏，就用火烤，那么人身上的冷气与火相争，必然死亡。又有一种方法：用毛毯或草席把受冻者卷裹好，用绳索扎起来，叫两个人面对面地用脚推踢，使他来回滚转，就像压平地毯一样，等到受冻者四肢温暖，就可停止。

冻伤急救法

古人对冻死的急救方法，采取“用微热的灰拥捂他，再用稍热的水蘸湿手巾熨其腹部、胁部的方法”。其中“用绳索扎起来，叫两个人面对面地用脚推踢，使他来回滚转”很具有趣味性。

现代人对冻死的急救方法如下。①对局部冻伤的急救要领是一点一点地、慢慢地用与体温一样的温水浸泡患部使之升温。如果仅仅是手冻伤，可以把手放在自己的腋下升温。然后用干净纱布包裹患部，并去医院治疗。②全身冻伤，体温降到 20 摄氏度以下就很危险。此时一定不要睡觉，强打精神并振作活动是很重要的。③若全身冻伤者出现脉搏、呼吸变慢的话，就要保证呼吸道畅通，并进行人工呼吸和心脏按压。要渐渐使身体恢复温度，然后速去医院。

原典

魇[①]死不得用灯火照，不得近前，急唤多杀人。但痛咬其足跟及足拇指畔，及唾其面，必活。

魇不省者，移动些小卧处，徐徐唤之即省。夜间魇者，原有灯即存，原无灯切不可用灯照。又用笔管吹两耳，及取病患头发二七茎，捻作绳，刺入鼻中。

又盐汤灌之。

又研韭汁半盏灌鼻中，冬用根亦得。

又灸两足大拇指聚毛中三七壮。（聚毛乃脚指向上生毛处）

又皂角末如大豆许，吹两鼻内，得嚏则气通，三四日者尚可救。

中恶客忤卒死，凡卒死或先病及睡卧间忽然而绝，皆是中恶也。用韭黄心于男左女右鼻内，刺入六七寸，令目间血出即活。视上唇内沿，有如粟米粒，以针挑破。

又用皂角或生半夏末如大豆许，吹入两鼻。

又用羊屎烧烟熏鼻中。

又绵浸好酒半盏，手按令汁入鼻中，及提其两手，勿令惊，须臾即活。

又灸脐中百壮，鼻中吹皂角末，或研韭汁灌耳中。

又用生菖蒲[②]，研取汁一盏，灌之。

注释

① 魇：做梦、做噩梦。

② 菖蒲：中药名。

译文

抢救梦魇死的，不能用灯火照，不可在此人跟前急速叫唤，那样往往会加速他的死亡。只要重重地咬他的脚后跟及脚趾旁，以及向他脸上吐唾液，就一定会救活。

梦魇不醒的，可稍微移动一下卧处，慢慢地叫唤他的名字，他就会醒过来。夜里梦魇的，原来有灯火就保存不熄灭，原来没点灯就切不可用灯火燃照。又有一种方法：用笔管吹梦魇者两个耳孔，并拔取病人头发十四根，捻成绳，刺入鼻孔中。

又有一种方法：用盐汤灌入梦魇者的嘴内。

又有一种方法：研取韭菜汁半杯灌入梦魇者的鼻中，冬天用韭菜根汁也可以。

又有一种方法：在梦魇者两脚大脚趾聚毛的部位灸二十一

灼。聚毛就是脚指向上生毛的地方。

又有一种方法：用黄豆粒大小的一撮皂角粉，吹入梦魇者两个鼻孔内，使他打出喷嚏，就能通气，即使三四天不醒的仍然可救。

有一种受到风寒侵入突然患疾病暴死的情况。凡是暴死的，也有的是原先已经患病，在睡卧时忽然气绝死亡，这些都属于突然患疾病的情况。抢救时用嫩韭黄心插入男病人左鼻内、女病人右鼻内，进深六七寸，使眼睛间血液流出，人就会活过来了。翻看猝死者上嘴唇的内沿，有像粟米粒小疮，可以拿针挑破。

又有一种方法：用皂角或生半夏粉末，像大豆粒大小一撮，吹入两鼻内。

又有一种方法：用焚烧羊粪的烟熏入病人鼻中。

又有一种方法：把棉花浸入半杯醇酒中，手捏棉球使酒滴入病人鼻内，并且捉住病人的两手，不要使其惊恐，一会儿就能醒过来。

又有一种方法：在病人脐中用艾叶灸一百灼，并向病人鼻内吹入皂角粉，或者研取韭叶汁灌入病人耳孔内。

又有一种方法：用生菖蒲研取汁水一盅灌入病人口中。

中风急救方法

古人用了很长的篇幅论述梦魇，其实这就是一种中风后的反应，其中用羊粪、韭菜汁、皂角、半夏、艾叶、菖蒲的方法比较有趣，至于效果如何，今人使用的很少了，效果不知。

现代医学把中风可分为出血性中风和缺血性中风，在诊断未明确时，不要用药，因为不同类型的中风用药各异。首先，搬运病人不要急于从地上把病人扶起，最好由二至三人同时把病人平托到床上，头部略抬高，以避免震动；其次，松开病人衣领，取出假牙，呕吐病人应将头部偏向一侧，以免呕吐物堵塞气管而窒息；再次，如果有抽搐发作，可用筷子或小木条裹上纱布垫在上下牙间，以防咬破舌头；最后，病人出现气急、咽喉部痰鸣等症状时，可将塑料管或橡皮管插入到病人咽喉部，从另一端用口吸出痰液。在送医院前尽量少移动患者。家属可双手轻轻托住患者头部，避免头部颠簸。

原典

杀伤，凡杀伤不透膜者，乳香[①]、没药各一皂角子大，研烂，以小便半盏、好酒半盏同煎，通口（温）服。然后用花蕊石散或乌贼鱼骨或龙骨为末，敷疮口上立止。

注释

①乳香：橄榄科小乔木，利用树脂止血疗伤。

推官宋琢定验两处杀伤，气偶未绝，亟令保甲，各取葱白热锅炒熟，遍敷伤处。继而呻吟，再易葱，而伤者无痛矣。曾以语乐平知县鲍旗。及再会，鲍曰：葱白甚妙，乐平人好斗，多伤。每有杀伤公事，未暇诘问，先将葱白敷伤损处，活人甚多，大辟为之减少。出《张声道经验方》。

译文

救治被杀伤者的方法。凡是救治被杀伤而没穿透内膜的伤者，用乳香、没药各一粒，大小像皂角子，研磨碎，用小便半盅、好酒半盅一道煎煮，然后让伤者一起喝下去，再用花蕊石散，或者乌贼鱼骨，或者龙骨研为粉末敷在创口上，立刻能止血止痛。

审判官宋琢负责检验一个身负两处杀伤的人，此人当时气息奄奄，只剩一口气。他立刻吩咐保甲长赶紧拿葱白在热锅内炒熟，然后敷满受伤者的伤口。敷后不久，伤者就会发出呻吟，再调换熟葱白贴敷，伤者渐渐就不感觉到痛了。他曾将这个办法告诉乐平县知县鲍旗。后来，他们再度相会时，鲍旗告诉宋琢："葱白法很妙。乐平人喜好争斗，常常有人被杀伤。遇到这类案件，我因公事顾不上审问犯人时，就先将葱白敷在受伤人伤口上，这样救活了很多人，死刑案也因此而减少。"此方出自《张声道经验方》。

动了胎气的救治

孕妇动了胎气是很危险的，古代已经认识到这个问题，但是古代采取的是中草药安胎法，有些方法现代中医还在使用，这对于轻者或许有效，重者效果不一定明显。现在对动了胎气的原因有了详尽的分析，轻者孕妇可以从自身动作、自身营养、自身情绪、自身疾病等各方面进行纠正，重者可以去医院，通过现代影像技术检查胎动的原因和受伤程度，根据具体情况医生会采取不同的保胎措施。大月份胎动，预示着流产，如果胎儿能够成活，现在可以剖腹生产，这在古代是万万不能的。

原典

胎动不安。凡妇人因争斗胎不安，腹内气刺痛、胀、上喘者：川芎[①]（一两半）当归（半两）上为细末。每服二钱，酒一大盏，煎六分。炒生姜少许在内，尤佳。

又：用苎麻根一大把，净洗，入生姜三五片，水一大盏，煎至八分，调粥饭与服。

注释

①川芎：中草药的一种，以四川产的质量为最好。

译文

救治胎动不安的人：凡是怀孕的妇女因争斗而震动了胎气，腹内气胀刺痛，并有气喘的，用川芎一两半、当归半两，把它们研为粉末，每次给她服两钱。若加酒一大杯，煎至仅剩十分之六，炒生姜少许放在里面，服用效果更好。

又有一种方法：用苎麻根一大把，洗干净，加入生姜三五片，水一大杯，煎至仅剩十分之八，调在粥饭中给孕妇吃。

杀伤急救法

杀伤没有伤到要害，是可以救治的。古人介绍了杀伤中草药的止血方法，介绍了张声道的经验方。虽然很有局限性，但在古代使用比较有效。现代医学对濒临死亡的人有了更为先进的方法，仅止血一项就是古人无法想象的，止血药物、止血手术随时可以多方共同实施，现在可以对垂危的病人实行输血、输氧、打强心针等方法让伤者起死回生。

原典

惊怖死者，以温酒一两杯灌之，即活。

五绝及堕打卒死等，但须心头温煖，虽经日亦可救。先将死人盘屈在地上，如僧打坐状，令一人将死人头发控放低，用生半夏末以竹筒或纸筒、笔管吹在鼻内，如活，却以生姜自然汁灌之，可解半夏①毒。（五绝者：产、魅、缢、压、溺。治法：单方半夏一味）

卒暴、堕筑倒及鬼魇死，若肉未冷，急以酒调苏合香丸灌入口，若下喉去，可活。

注释

①半夏：一种中药。

译文

救治惊吓昏死的，用温酒一两盅灌下去，就会苏醒过来。

“五绝”而死及摔死、打死、突然死亡等情况，只要此人心头还温暖，虽然经隔一天也可救活。抢救时，先将此人盘屈坐在地上，像和尚打坐的样子，叫一人将被救者的发髻放低，用生半夏粉末，拿竹筒或纸筒、笔管吹入被救者鼻孔中。如果被救者苏醒

过来，还要用生姜原汁给他灌下去，能解半夏毒。“五绝”是指难产、魅魇、上吊、塌压、溺水。治救方法：单用半夏一味。

突然死亡、坠跌、撞倒及鬼魇死的，如果人体没有冷，赶快用酒调苏合香丸灌入口中，如果药能灌下喉，就可救活。

猝死急救法

古人在论述猝死急救法的时候，强调了一个概念“五绝”，就是指“难产、魅魇、上吊、塌压、溺水”，并且强调了半夏中药的妙用。

现代由于“猝死”多数在家中或正常工作及日常活动中发生，或在睡眠中发生，因此，争分夺秒、即时的现场救护非常重要，往往可挽救其生命或争取一定的抢救缓冲时间。一旦发现猝死病人，应立即使其平卧在床上或地上，进行现场救护，严禁搬动，并马上进行心肺复苏术，速请就近医院人员前来救治。只有当病人呼吸、心跳复苏后才能以妥善方法护送到医院继续治疗。

五十三　验状说

原典

凡验状，须开具：死人尸首原在甚处？如何顿放？彼处四至？有何衣服在彼？逐一各检劄名件。其尸首有无雕青[①]、灸瘢[②]？旧有何缺折肢体？及伛偻、拳跛、秃头、青紫黑色红痣、肉瘤、蹄踵诸般疾状，皆要一一于验状声载，以备证验诈伪，根寻本原推勘；及有不得姓名人尸首，后有骨肉陈理者，便要验状证辨观之。今之验状，若是简略，具述不全，致妨久远照用。况验尸首，本缘非理、狱囚、军人、无主死人，则委官定验，兼官司信凭检验状推勘，何可疏略？又况验尸失当，致罪非轻。当是任者，切宜究之。

注释

①雕青：古代的文身。

②灸瘢：指化脓灸后皮肤上所留下的瘢痕。

译文

凡是验尸报告，应该一一写清楚：尸体原来在什么地方，怎么安放，它与四周界物的距离，留有什么衣服在那里，要一件件检查登记好名称和件数。还有该尸体身上有无雕青、灸斑，生前已有什么肢体缺损及驼背、拳曲、跛脚、秃顶、青紫色痣、黑色痣、红色痣、肉瘤、硬茧等症状，都要一一在验尸报告上写清楚，以备验证真假，查清案情事实本源以进行推究审问。这样，如遇到不知姓名的尸体，以后有近亲亲属来查找申诉的，便可以查看验尸报告对证分辨。现在的验尸报告，如果非常简略，记述不全，就会妨碍长久应用。况且尸体检验，本来是由于非正常死亡、狱囚、军人、死亡人无主等原因，才委派官员执行公务的，有关衙门也要根据验尸报告来推究审问，因此怎么可以疏略呢？更何况检验失当，获罪很重，承担这项工作的人，务必要认真地对待与仔细研究啊！

尸检报告的规定

古人论述对尸检公文的要求，强调在尸检完成之后，必须详尽完成尸检报告，因为以后的案情审理或者推敲、复查都要以此为依据，尸检报告关系重大，所有的尸检人员不能掉以轻心、玩忽职守。如果验尸报告不详细、不准确，填写人员要获罪。从文中我们可以看出古代律条的严格性和古人对案情的慎重态度。

现在的尸检报考一般采取制度形式。尸检报告一式两份，正本进入案卷卷宗，副本由鉴定机构存档。特别是对尸体检测做了详细的规定，尸检包括：尸表检查、身内检查、组织学检查、尸体病理学诊断等详细内容。坚持有利于犯罪的控制原则，遵循程序公正的原则，摒弃部门利益的原则，坚持法医尸检专家见证问题原则。《公安机关办理刑事案件程序规定》第二百一十三条规定：为了确定死因，经县级以上公安机关负责人批准，可以解剖尸体，并且通知死者家属到场，让其在解剖尸体通知书上签名。死者家属无正当理由拒不到场或者拒绝签名的，侦查人员应当在解剖尸体通知书上注明。对身份不明的尸体，无法通知死者家属的，应当在笔录中注明。第二百一十四条规定：对已查明死因，没有继续保存必要的尸体，应当通知家属领回处理，对于无法通知或者通知后家属拒绝领回的，经县级以上公安机关负责人批准，可以及时处理。第二百一十五条规定：公安机关进行勘验、检查后，人民检察院要求复验、复查的，公安机关应当进行复验、复查，并可以通知人民检察院派员参加。

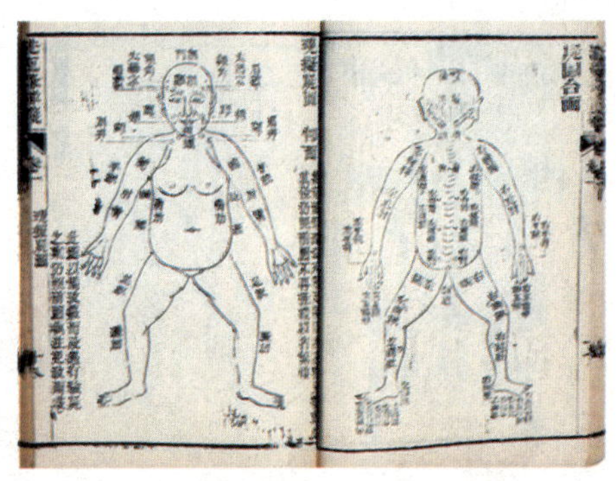

古版《洗冤集录》正反面尸图